Michail
Gorbatschow
Der Staatsstreich

Michail Gorbatschow

Der Staatsstreich

Aus dem Russischen übersetzt
von Günter Jäniche und Ursula Krause

C. Bertelsmann

1. Auflage

Umschlaggestaltung: Jürgen Stockmeier
Satz: Setzerei Vornehm, München
Druck und Bindung: Mohndruck, Gütersloh
ISBN 3-570-01408-8
Printed in Germany

Inhalt

An den Leser

Die Augustereignisse befinden sich weiterhin im Blickfeld erhöhter Aufmerksamkeit sowohl unserer als auch der Weltöffentlichkeit. Es werden ernsthafte Versuche unternommen, Verlauf und Bedeutung der Vorfälle, ihre Gründe und Folgen zu analysieren. Bedauerlicherweise gibt es auch Versuche anderer Art, die Ereignisse zum Gegenstand oberflächlicher Spekulationen zu machen, sie zur Anstachelung niederer Gefühle und ungesunder Stimmungen zu nutzen. Unabhängig von den Absichten derer, die sich damit befassen, schadet es der Tendenz zur Konsolidierung der Gesellschaft, zur politischen Eintracht, schadet es dem, was unser Land jetzt so lebensnotwendig braucht.

Natürlich, auch ich denke ständig an die Ereignisse. Einiges dazu habe ich bereits öffentlich gesagt. Über vieles habe ich in Gesprächen der vergangenen Wochen geredet. Jetzt habe ich all dies zusammengetragen und möchte meine Überlegungen dem Leser vorstellen. Die weitere Analyse, neue Fakten, der Verlauf der Ereignisse und, das versteht sich von selbst, auch die gerichtlichen Ermittlungen zum Staatsverbrechen geben einem allseitigeren und gründlicheren Begreifen aller Umstände neue Impulse und werden dazu führen, aus alldem eine Lehre zu ziehen. Dennoch bin ich überzeugt, daß die Grundfesten meiner Bewertung und Einschätzung, die ich hier vorlege, nicht erschüttert werden können.

September 1991 *Michail Gorbatschow*

Wie ein Blitz aus heiterem Himmel?

Das Thema eines gewaltsamen Umsturzes, Gerüchte über seine Vorbereitung zirkulierten etliche Monate in unserer Gesellschaft, deshalb kam der Umsturz nicht unerwartet, eben nicht wie ein Blitz aus heiterem Himmel. Auf solch eine Frage habe ich nicht nur einmal geantwortet: Ein Umsturz in der jetzigen Situation ist sinnlos, er ist von Anfang an dem Untergang geweiht, nur Verrückte können sich darauf einlassen. Damit habe ich keineswegs die Gefahr hysterischer Ausfälle unterschätzt, die von seiten der Rechten in der Presse auftauchten, auf ZK-Plenen, in provokativen Auftritten einiger Generäle, in der Sabotage vieler Perestroika-Entscheidungen in den partei-staatlichen Strukturen auf allen Ebenen.

Wenn ich auf die Ereignisse vom 19. bis 21. August zurückschaue, muß ich sagen, daß die Logik der tiefgreifenden Reformen solch eine Kehrtwendung nicht ausschloß. Ich hielt es für möglich, daß die Entwicklung äußerst scharfe Formen annehmen könnte. Gründe für diese Annahme? Kardinale Veränderungen betrafen den gesamten gesellschaftlichen Organismus, die grundlegenden Interessen aller sozialen Schichten.

Vor allem habe ich dabei die Partei im Auge, die im Namen des Volkes regiert, ohne vom Volk dazu die Vollmacht erhalten zu haben. Die Veränderungen betrafen die Armee, die als Resultat einer Politik neuen Denkens, des Abrüstungsprozesses, der Annahme der Verteidigungsdoktrin tiefgreifende Reformen durchmachte. Die Konversion des militär-industriellen Komplexes war Realität. Sie kommt schwer voran, ist mit vielen negativen Folgen verknüpft. Doch die in diesem Sektor Beschäftigten – das ist der am besten organisierte, intellektuell stärkste, hochqualifizierte Teil der Gesellschaft, der zudem bestimmte Privilegien genießt. Nehmen Sie dazu die nationalen Aspekte des Perestroika-Prozesses. Bedenken Sie dazu die Reformierung der Eigentumsverhältnisse, die auf eine Veränderung der Motivation zur Arbeit gerichtet ist, den Übergang zur Marktwirtschaft. Und noch vieles andere. All das kam hier zusammen.

Das Land glitt in eine Systemkrise ab. Die Logik der Entwicklung der Gesellschaft selbst diktierte die Notwendigkeit tiefgreifender Veränderungen, im Verlauf derer eine Menge Widersprüche auftraten. Der Zusammenbruch des alten Systems bewirkte Instabilität, Chaos. Reformen konnten doch nicht leicht sein in einem so gewaltigen Land, das sich Jahrzehnte in einem totalitären Zustand befand – mit totalem Machtmonopol, mit totaler Herrschaft des Staatseigentums. Der Reformprozeß war quälend, wirkte sich schwer auf das Leben des Volkes aus.

In dieser Situation unternahmen die Putschisten den Versuch, das Land zum totalitären System zurückzuführen. Doch die Situation selbst war behaftet mit Schwerfälligkeit, mit Inkonsequenz in Politik und praktischem Handeln, besonders in bezug auf die Reformen des früheren Machtmechanismus. Ich meine hiermit die Verzögerung bei der Liquidierung des Parteimonopols in der Staatsmacht, in den partei-bürokratischen Strukturen, die in vielen Punkten vom vorhergehenden Regime verblieben sind, in der ungerechtfertigten Toleranz denen gegenüber, die die Perestroika nicht annehmen wollten, die dem Stalinismus Treue bewahrten, und in alldem, was damit zusammenhängt, zumindest denen gegenüber, die sich zum Poststalinismus bekannten. Sowohl auf dem XXVIII. Parteitag als auch auf den nachfolgenden ZK-Plenen vollzog sich ein aufreibender Kampf zwischen den Verfechtern demokratischer Umwandlungen und denen, die diese auf jede nur mögliche Art zu blockieren versuchten. Das vollzog sich in den örtlichen Parteikomitees; das alte System war bereits unterhöhlt, desorganisiert, doch es versuchte zu halten, was es konnte, und lähmte so die Vorwärtsentwicklung.

Das, was in der Zeit des Umsturzes vor sich ging, war ein entschiedener Zusammenstoß der Kräfte von Reaktion und Demokratie – so etwas mußte in irgendeiner Form passieren. Es war eine Art Lösung der akkumulierten Widersprüche.

Jetzt sagen viele: Wieso konnte Gorbatschow das nicht voraussehen? Gewiß, ich habe die Möglichkeit eines harten Zusammenpralls zwischen den Kräften der Erneuerung und der Reaktion theoretisch vorhergesehen. Und nicht nur ich allein. Doch was habe ich daraus für eine Schlußfolgerung gezogen?

Seit Beginn der krisenhaften Prozesse, die mit der grundlegenden Umgestaltung der Gesellschaft einhergingen, war ich bestrebt, die explosive Lösung der angesammelten Widersprüche zu verhindern: Durch taktische Schritte wollte ich Zeit gewinnen, damit der demokratische Prozeß genügend Stabilität erlangt, um das Alte zurückzudrängen und im Volk die Verbundenheit mit den neuen Werten zu festigen. Mit einem Wort, das Land bis zu der Etappe zu bringen, wo ein ähnlich mögliches Abenteuer zum Scheitern verurteilt ist. Mein wichtigstes Ziel war: ungeachtet aller Schwierigkeiten am Kurs der Umgestaltung festzuhalten, den Prozeß beizubehalten – ungeachtet seiner Schwachstellen in den politischen und konstitutionellen Formen.

Im Verlauf der letzten anderthalb Jahre hat die Konfrontation zwischen den Kräften des Fortschritts und der Reaktion zugenommen; beginnend mit dem Dezember, ja, schon im Herbst vergangenen Jahres hat sie sehr scharfe Formen angenommen. Wobei die unterschiedlichen Positionen sich nicht einmal getarnt haben. Ständig tönten Rufe nach Sondermaßnahmen, und die ZK-Plenen verwandelten sich in regelrechte Schlachtfelder. Solcherart war das April-Plenum von 1991, das in der Öffentlichkeit einen Schock hervorrief. Solcherart war auch das letzte Plenum, an dessen Vorabend zweiunddreißig von zweiundsiebzig Gebietsparteisekretären der KPdSU forderten, Gorbatschow müsse zur Verantwortung gezogen werden.

Ich erinnere mich an die Gespräche mit Felipe González im Sommer in Moskau. Damals stellte ich fest – und er war mit mir derselben Auffassung –, daß es in unserer Gesellschaft zu einem äußerst verschärften Widerspruch zwischen den alten sozialpolitischen Strukturen und der Gesellschaft selbst gekommen war, die sich bereits zutiefst verändert hatte. Diese Strukturen waren dem Untergang geweiht und mußten verändert werden. Mein unabänderlicher Wunsch war, dies ohne Blutvergießen zu tun, auf demokratischem Weg. Wenigstens einmal in der Geschichte dieses Landes sollte das ohne Blutvergießen in der Periode revolutionärer Wandlungen geschehen.

Wie hätten sich die Urheber der Perestroika auch anders verhalten können? Was wären sie sonst für Demokraten? Wie in der Weltarena hielten wir auch hier an unserem Kurs fest, um eine Problemlösung durch Gewalt auszuschließen, um den Versuch eines reaktionären Umsturzes zu verhüten.

Während eines Gesprächs am 11. September mit dem Außenminister der USA, James Baker, hörte ich folgendes: »In diesen Tagen haben George Bush und ich viel über Ihre Politik nachgedacht, Herr Präsident, und jetzt begreifen wir Ihre Linie der Manöver und Kompromisse. Sie wollten Zeit gewinnen, um den konservativen Kräften keine Möglichkeit zu geben, den Reformkurs zunichte zu machen.«

Ja, genau so ist es. Die Kompromißlinie war unumgänglich, um den Momenten zugespitzter Spannung den Druck zu nehmen. Das war so im September und Dezember 1990, und dann im Frühling 1991, als die Forderungen laut wurden: »Nieder mit dem Generalsekretär! Nieder mit dem Präsidenten!« Übrigens kamen diese Rufe von den verschiedensten Seiten. Es mußte eine taktische Linie aufgebaut werden, um die Bedingungen für die Festigung der Reformen zu schaffen, Bedingungen für die Gesellschaft, die Reformen anzunehmen und Kräfte zu sammeln, um sie zu verteidigen. In eben solch einer zugespitzten Situation trafen sich der Präsident der UdSSR und die Führer von neun Republiken in Nowo-Ogarewo und traten mit der inzwischen bekannten gemeinsamen Erklärung auf, die eine unersetzliche Rolle gespielt hat. Der Nowo-Ogarewo-Prozeß vermittelte der Gesellschaft ein neues Verständnis für die notwendige Eintracht im Land. Ich wiederhole: Meine Aufgabe in all diesen Jahren war, den politischen Kurs der Perestroika zu erhalten und zu retten. Um das zu gewährleisten, wollte ich so schnell wie möglich zu dem Unionsvertrag kommen, die radikale ökonomische Umgestaltung verwirklichen, die Partei reformieren.

Der Entwurf eines Unionsvertrages war fertig zur Unterzeichnung. Am 20. August sollten ihn die Delegationen aus sechs Republiken im Georgssaal des Kreml unterschreiben. Ich als Präsident des Landes sollte eine Rede halten.

Für den 21. August war die Sitzung des Föderationsrates anberaumt, um den Plan einer Radikalisierung der Reformen, Fragen der Lebensmittelversorgung, Heizstoffprobleme, Finanzstabilisierung usw. zu beraten.

Mit einem Wort, es ging um den tiefen und entscheidenden demokratischen Durchbruch in den wesentlichen Richtungen der Umgestaltung, um den Übergang auf ein neues Niveau, wo es für die Leute, die sich vom kommando-administrativen Denken und Handeln nicht lösen können oder wollen, keinen Platz mehr gab. Die Verschwörer sahen, daß ihnen die Zeit davonlief. Und so ergriffen sie ebendiesen Moment für ihr Abenteuer. Der Putsch war die Reaktion auf den Nowo-Ogarewo-Prozeß und sein wichtigstes Ergebnis – den Unionsvertrag souveräner Staaten.

Drei Tage am Kap Foros

Wir haben eine sehr harte Prüfung durchgemacht. Die Gefährlichkeit des Putsches lag darin, daß sich seine Organisatoren direkt im Zentrum der Macht befanden, direkt neben dem Präsidenten. Das Schwerste, was ich persönlich durchgemacht habe, war der Verrat. Das wird mich bis ans Ende meines Lebens verfolgen.

Der Mechanismus des Putsches wurde in Moskau ausgelöst. Es ist offensichtlich, daß alles vorher geplant war.

Am 18. August – in der Datscha in Foros – ging ich nach dem Mittagessen wieder an meine Arbeit, um weiter an meiner Rede zu formulieren, die ich bei der Unterzeichnung des Unionsvertrages halten sollte. Für den 19. August hatte ich meinen Abflug nach Moskau angeordnet. Am Abend zuvor sprach ich über Telefon mit Jelzin und Nasarbajew über die bevorstehende Unterzeichnung des Unionsvertrages und die Sitzung des Föderationsrates. Am 18. August telefonierte ich gegen Mittag mit Janajew. Übrigens bedankte er sich bei mir, daß ich ihm meine bevorstehende Ankunft mitgeteilt hätte und daß er auf jeden Fall am Flughafen sein würde. Dann sprach ich noch mit Welitschko, dem Vizepremier, mit Wolski, dem Präsidenten der wissenschaftlich-industriellen Vereinigung, Gurenko, dem Ersten Sekretär des ZK der KP der Ukraine. Dementjej, den damaligen Parlamentspräsidenten von Bjelorußland, erreichte mein Anruf nicht, er war offenbar nicht an Ort und Stelle. Bereits um sechzehn Uhr dreißig besprach ich telefonisch mit meinem Berater Schachnasarow die bevorstehende Rede. Bekanntlich wurde am 19. August gemeldet, ich sei nicht in der Lage, meine Aufgaben auszuüben. Nur zwei der Leute, mit denen ich am 18. August sprach, dementierten die Erklärung der Verschwörer über meine Krankheit, und das auch nicht sofort, sondern erst einen bis zwei Tage später.

Am 18. August um sechzehn Uhr fünfzig unterrichtete mich der Chef der Leibwache, daß eine Gruppe von Leuten eingetroffen sei, die ein Treffen mit mir forderten. Ich hatte niemanden erwartet, niemanden eingeladen, und niemand hatte mich über die Ankunft von irgend jemandem informiert. Der Chef der Leibwache sagte, daß auch er davon nichts gewußt habe. »Warum haben Sie sie dann durchgelassen?« – »Plechanow (der Chef des KGB) ist bei ihnen«, antwortete er. Andernfalls hätte die Wachmannschaft niemanden zum Präsidenten vorgelassen. Solcherart sind die Regeln. Streng, aber notwendig.

Mein erster Wunsch war, herauszufinden, wer die Leute geschickt hatte. Da ich über die gesamte technische Kommunikation verfügte – die Regierungsleitung, einfache Funkverbindung, strategische, kosmische usw. –, nehme ich also den Hörer eines der Telefone ab (ich saß gerade am Schreibtisch im Arbeitszimmer) – tot. Ich nehme den zweiten, dritten, vierten, fünften Hörer ab – dasselbe. Ich greife zur Innenkommunikation – abgeschaltet. Noch zwanzig Minuten vorher hatte die Verbindung funktioniert. Offensichtlich hatten die Verschwörer schon von vornherein einkalkuliert, daß man mit mir kein Übereinkommen erzielen würde, und die Isolationsvariante vorbereitet.

Ich begriff, daß dies keine von den Missionen war, mit denen ich sonst zu tun hatte. Gleich darauf unterrichtete ich meine Frau, dann meine Tochter und meinen Schwiegersohn von dem Vorfall. Eines war mir klar: Die Sache war sehr ernst. Nicht auszuschließen waren Erpressungsversuche oder Verhaftung oder sonst etwas dieser Art. Alles mögliche konnte passieren. »Ihr sollt eines wissen«, sagte ich zu Raissa Maximowna, Irina und Anatoli, »ich lasse mich auf keinerlei Erpressung ein, auf keinerlei Drohung, ich gebe keinem Druck nach und weiche um keinen Deut von meinen Positionen ab.

Es ist nicht ausgeschlossen, daß im Zusammenhang damit auch gegen die Familienmitglieder schärfste Maßnahmen ergriffen werden.«

Die ganze Familie sprach sich dafür aus, daß meine Entscheidung bindend sei: Sie waren bereit, bis zum Ende mein Schicksal zu teilen, was auch geschehen würde. Damit war unser Familienrat beendet.

Ich ging los, um die Ankömmlinge hereinzubitten. Doch sie standen bereits vor dem Arbeitszimmer – eine unglaubliche Unverfrorenheit. Es waren Boldin, der Leiter der Präsidialabteilung, Schenin, Mitglied des Politbüros und Sekretär des ZK der KPdSU, Baklanow, mein Stellvertreter im Verteidigungsrat und ehemals ZK-Sekretär. Der vierte von ihnen war Warennikow, Armeegeneral, ein mir fernstehender Mann; nichtsdestotrotz war er derjenige, der später in die Ukraine fuhr und Krawtschuk ein Ultimatum stellte. Plechanow war auch dabei, doch ihn wies ich aus dem Arbeitszimmer.

Gleich zu Beginn des Treffens stellte ich die Frage: »Bevor wir das Gespräch beginnen, möchte ich wissen: Wer hat Sie geschickt?« Antwort: »Das Komitee.«

Dann kam es zu folgendem Dialog:

»Welches Komitee?«

»Nun... das Komitee wegen des Notstandes im Land.«

»Wer hat es gebildet? Ich habe es nicht gebildet, und auch nicht der Oberste Sowjet. Also, wer hat es gebildet?«

Von seiten der Ankömmlinge wurde gesagt, daß sich die Komitee-Mitglieder bereits zusammengefunden hätten und nun der Ukas des Präsidenten erforderlich sei. Ich wurde vor folgende Alternative gestellt: Entweder Sie geben den Ukas und bleiben hier, oder Sie übergeben die Vollmachten an den Vizepräsidenten. Baklanow sagte, daß Jelzin verhaftet sei. Dann berichtigte er sich: Man sei gerade auf dem Weg, ihn zu verhaften.

»In welchem Zusammenhang stellt sich die Frage?«

»Die Situation im Land ist folgende: Das Land geht einer Katastrophe entgegen, man muß Maßnahmen ergreifen, der Notstand ist erforderlich – andere Maßnahmen bringen keine Rettung, man darf sich nicht länger der Illusion hingeben...« und so weiter.

Meine Antwort war: »Ich kenne nicht schlechter als Sie

die politische, wirtschaftliche und soziale Situation im Land, die Lage der Menschen, ihres Lebens, alle Belastungen, denen sie ausgesetzt sind. Und man muß so schnell wie möglich alles unternehmen, um ihr Leben zu verbessern. Aber ich bin ein entschiedener Gegner – und das nicht nur aus politischen, sondern auch aus moralischen Erwägungen – all jener Lösungswege, die seit jeher die Menschen nur dem Untergang geweiht haben – und das zu Hunderten, Tausenden, Millionen. Damit müssen wir für immer Schluß machen. Sonst ist alles, was wir begonnen haben, verraten und begraben, und wir beschreiten von neuem einen blutigen Weg. Wenn Sie einen anderen Standpunkt vertreten, tragen Sie ihn dem Kongreß der Volksdeputierten vor, sollen die eine Lösung suchen.«

Im großen und ganzen war ihnen meine Position sehr gut bekannt: Ich habe sie im Obersten Sowjet erläutert, ich habe auf den Plenen und im Politbüro des Zentralkomitees Schlachten geliefert. Ihr Ultimatum habe ich zurückgewiesen.

Mehr als einmal habe ich in den vergangenen Jahren die Feuer löschen und vor der gefährlichen Entwicklung der Ereignisse warnen müssen. Und auch diesmal rechnete ich damit, daß sie begreifen, sich eines Besseren besinnen würden. Deshalb sagte ich: »Sowohl Sie als auch diejenigen, die Sie geschickt haben, sind Abenteurer. Sie stürzen sich selbst ins Verderben... Nun, das ist Ihre eigene Sache, hol Sie der Teufel! Doch Sie stürzen das Land ins Verderben, machen das zunichte, was wir bereits erreicht haben. Richten Sie das dem Komitee aus, das Sie geschickt hat.

Wir stehen vor der Unterzeichnung des Unionsvertrages. Gemeinsam mit den Republiken haben wir bedeutende Beschlüsse gefaßt: zur Lebensmittelversorgung, zu Treibstoff- und Finanzproblemen, um die politische und wirtschaftliche Situation schneller zu stabilisieren, um die Marktprozesse schneller zu forcieren, um den Menschen die Möglichkeit zu geben, sich allseitig zu entfalten. Es zeichnet sich ein Einvernehmen ab. Es stimmt, es reicht noch nicht aus – noch bringt man uns Mißtrauen entgegen, von der einen wie von der anderen Seite. Noch ist es da – in den Beziehungen zwischen den Republiken und dem Zentrum, in den Beziehungen zwischen politischen und gesellschaftlichen Bewegungen. Doch der einzige Weg ist, ein Einvernehmen zu suchen. Wie gesagt, es zeichnet sich ab, wir beginnen vorwärtszugehen. Nur Selbstmörder können vorschlagen, jetzt ein Notstandsregime im Land einzuführen. Darauf lasse ich mich nicht ein.«

Genau in diesem Moment verlangte Warennikow: »Treten Sie zurück!« Ich habe diese unverschämte Forderung des Generals zurückgewiesen: »Weder das eine noch das andere werden Sie jemals von mir hören. Teilen Sie das all denen mit, die Sie hierhergeschickt haben.

Übrigens besteht ja die Möglichkeit, sich mit vielen Republikführern zu treffen und diese Fragen zu erörtern. Am 20. August werden wir den neuen Unionsvertrag unterzeichnen. Für den 21. August ist die Sitzung des Föderationsrates anberaumt, da werden wir alle diese Fragen besprechen. Wir werden uns darüber einigen, worüber man sich nicht im Ministerkabinett einigen konnte. Wir müssen zu einer Lösung kommen. Aber nicht auf dem Weg, auf dem Sie es wollen.

Na schön, morgen werden Sie den Notstand ausrufen. Und weiter? Haben Sie wenigstens einen Tag, vier Schritte vorausgedacht, wie es weitergehen soll? Das Land wird ablehnen, wird diese Maßnahmen nicht unterstützen. Sie wollen die Schwierigkeiten ausnutzen, die Tatsache, daß das Volk müde geworden ist, daß es jedweden Diktator gutheißen würde…«

Übrigens habe ich gerade in jenen Tagen mit dem Genossen Tschernjajew an einem wichtigen Artikel gearbeitet: über die Situation im Land, über mögliche Varianten seiner Entwicklung. Zugegen war einer der »Drehbuchautoren«, einer der »Notständler«. Und jetzt waren seine Leute hier aufgetaucht. Entgegen ihrem »Drehbuch« argumentierte ich, daß das, was sie vorhatten, den Untergang des Landes bedeutete, in eine Sackgasse führte, all das verschütten würde, was wir bereits geschaffen hätten…

»Ich schlage vor, den Obersten Sowjet, den Kongreß einzuberufen und dort zu entscheiden. Die jetzige Situation beunruhigt Sie? Uns alle beunruhigt sie. Sie meinen, daß sofort einschneidende Maßnahmen ergriffen werden müssen. Ich bin derselben Meinung. Setzen wir uns zusammen, und beraten wir. Ich bin bereit, den Volksdeputiertenkongreß einzuberufen, wenn bei einem Teil der Führung Zweifel bestehen. Setzen wir uns zusammen, beraten wir. Die Deputierten wissen, wie es an Ort und Stelle aussieht. Ergreifen wir also Maßnahmen. Ich werde drei Hauptrichtungen verteidigen: den Weg des Einvernehmens, den Weg vertiefter Reformen, die Zusammenarbeit mit dem Westen. Zumal es da die entsprechenden Wünsche anderer Völker gibt, mit uns zusammenzuarbeiten, jetzt, in dieser entscheidenden Etappe.«

Aber das war ein Gespräch wie mit Taubstummen. Sie hatten den Motor bereits angekurbelt. Das war mir jetzt klar. Ich sagte: »Das wär's. Eine andere Art Gespräch findet nicht statt. Übermitteln Sie, daß ich kategorisch gegen Ihr Ansinnen bin, Sie werden eine Niederlage erleiden. Angst habe ich um das Volk, Sorge um all das, was wir in diesen Jahren erreicht haben...«

Am übelsten hat sich Warennikow aufgeführt. In irgendeinem Moment sagte ich: »Mir fällt Ihr Name nicht ein – natürlich wußte ich ihn! –, war es nicht Valentin Iwanowitsch? Also, Valentin Iwanowitsch, die Gesellschaft, das Volk – das ist kein Bataillon, das man kommandiert: ›Rechts, links, marsch!‹, und alle gehen, wohin Sie befehlen. Oh, nein, so ist das nicht. Denken Sie an meine Worte.« Zum Ende des Gesprächs wünschte ich sie dahin, wohin die Russen jemanden in solchen Fällen zu schicken pflegen. Damit war es vorbei.

Während des Gesprächs habe ich des öfteren wiederholt: Besinnen Sie sich, die Sache läuft auf einen Bürgerkrieg hinaus, auf Blutvergießen. Sie werden das verantworten müssen. Sie sind Abenteurer und Verbrecher, es wird Ihnen auf keinen Fall gelingen. Das Volk ist nicht mehr so, daß es sich mit Ihrer Diktatur abfinden wird, mit dem Verlust all dessen, was es in den vergangenen Jahren errungen hat.

Nachdem sie auf ihr Ultimatum meine definitive Absage erhalten hatten, vollzog sich das Weitere nach der Logik von Wirkung und Gegenwirkung. Ich wurde völlig von der Außenwelt isoliert, sowohl vom Meer als auch vom Festland her. Sie setzten mich unter psychischen Druck. Totale Isolation. In Moskau erfuhr ich später, daß eine Einheit von Grenzern und ein Verband von Grenzschutzbooten unter das direkte Kommando von Plechanow und Generalow, seinem Stellvertreter, gestellt wurden – zu ebendiesem Zweck. Bei mir blieben zweiunddreißig Mann der Leibwache. Schon bald erfuhr ich, wo sie standen. Sie würden bis zum Ende zu mir halten, sie organisierten den Schutz und verteilten sich auf alle Plätze.

Es war nicht allzu schwer, sich die nachfolgenden Schritte der Putschisten vorzustellen: aufbauend auf einer Lüge die Machtergreifung und diese dann für ihre Zwecke mißbrauchen. Die Bestätigung dafür war die Pressekonferenz des sogenannten Staatskomitees für den Ausnahmezustand (GKTschP). Sie erklärten, daß ich gesundheitlich nicht in der Lage sei, die Aufgaben des Präsidenten wahrzunehmen, mehr noch, sie versprachen, in Kürze ein medizinisches Gutachten vorzulegen. Das bedeutete, so meine Schlußfolgerung, wenn die Fakten ihrer Erklärung nicht entsprachen, das heißt, der Zustand des Präsidenten ein ganz anderer war, so würden sie mit allen Mitteln einen solchen Zustand herbeiführen, daß der Präsident tatsächlich psychisch und physisch gebrochen wäre.

Das begriffen auch die Genossen der Leibwache. Und so wurde beschlossen, kein Essen mehr zu bestellen, das man uns täglich von außerhalb anlieferte, sondern von den Vorräten zu leben, die vorhanden waren. In allem sollte die Wachsamkeit verschärft werden.

Für mich – und auch für andere, denke ich – war nicht das so wichtig, was sie auf der Pressekonferenz sagten, als vielmehr ihr jämmerlicher Anblick. Ich war absolut kaltblütig, wenn auch bis ins Innerste erschüttert und aufgebracht über ihre politische Blindheit und ihre verbrecherische Verantwortungslosigkeit. Ich war überzeugt, wirklich überzeugt, daß das nicht lange dauern würde, daß sie damit nicht durchkämen.

Noch am 19. August forderte ich, unverzüglich die technischen Kommunikationsverbindungen wiederherzustellen und mir ein Flugzeug für den Flug nach Moskau zu schicken. Eine Antwort erhielt ich nicht.

Nach der Pressekonferenz beschloß ich, umgehend eine Videoaufzeichnung anzufertigen. Ich machte vier Aufzeichnungen. Die Kinder – Irina und Anatoli – schnitten die Bänder in vier Teile, und wir suchten nach Kanälen, um sie hinausbringen zu können.

Der Arzt schrieb sein Gutachten (siehe Seite 155) in einigen Exemplaren, damit alle den wahren Gesundheitszustand des Präsidenten erfuhren.

Ich diktierte Tschernjajew vier Forderungen. Nachdem sie per Schreibmaschine geschrieben waren, fügte ich handschriftlich Anrede und Unterschrift hinzu, damit klar war, daß ich persönlich diese Forderungen verfaßt hatte.

Zur Kenntnis den Räten der Volksdeputierten, dem Obersten Sowjet der UdSSR

ERKLÄRUNG

1. Daß G. I. Janajew unter dem Vorwand meiner Krankheit und Unfähigkeit, meinen Pflichten nachzukommen, die Präsidentenpflichten übernommen hat, ist ein Betrug am Volk und kann nicht anders denn als Staatsstreich gewertet werden.

2. Das bedeutet, alle weiteren Aktivitäten sind ungesetzlich und unrechtmäßig.

Weder der Präsident noch der Volksdeputiertenkongreß haben Janajew dazu bevollmächtigt.

3. Ich bitte, dem Genossen Lukjanow meine Forderung zu sofortiger Einberufung des Obersten Sowjets der UdSSR und des Volksdeputiertenkongresses zu übermitteln, um die eingetretene Situation zu untersuchen.

Sie, und nur sie, haben nach Analyse der eingetretenen Umstände das Recht, die Frage nach notwendigen staatlichen Maßnahmen und Mechanismen ihrer Realisierung zu entscheiden.

4. Ich fordere die unverzügliche Einstellung der Handlungen des Staatskomitees für den Notstand bis zur Annahme der genannten Beschlüsse des Obersten Sowjets oder des Volksdeputiertenkongresses der UdSSR.

Die Fortführung dieser Handlungen, die weitere Eskalation der vom GKTschP unternommenen Maßnahmen können zu einer Tragödie aller Völker führen, die Situation noch weiter verschärfen und die begonnene koordinierte Arbeit von Zentrum und Republiken, den Ausweg aus der Krise betreffend, zum Scheitern bringen.

Krim, 20. 8. 1991 Der Präsident der UdSSR

M. Gorbatschow

Дежурному до сведения Съезда Народных депутатов СССР, Верховного Совета СССР

ЗАЯВЛЕНИЕ

I. Принятое на себя Г.И.Янаевым исполнение обязанностей Президента под предлогом моей болезни и невозможности исполнять свои обязанности есть обман народа и, таким образом, не может быть квалифицировано иначе, как государственный переворот.

2. Это значит, что и все последующие действия являются незаконными и неправомерными.

Ни Президент, ни Съезд народных депутатов таких полномочий Янаеву не давали.

3. Прошу передать т.Лукьянову мое требование о срочном созыве Верховного Совета СССР и Съезда народных депутатов для рассмотрения сложившейся ситуации.

Ибо они и только они, рассмотрев возникшую обстановку, вправе решить вопрос о необходимых государственных мерах и механизме их реализации.

4. Требую немедленно приостановить действие Государственного комитета по чрезвычайному положению впредь до принятия упомянутых решений Верховным Советом или Съездом народных депутатов СССР.

Продолжение этих действий, дальнейшая эскалация принимаемых ГКЧП мер может обернуться трагедией для всех народов, еще больше обострить обстановку, а то и полностью сорвать начатую согласованную работу Центра и республик по выходу из кризиса.

Президент СССР

М. Горбачев

Крым,
20.VIII. 1991 года.

Der Originaltext der von Gorbatschow vorbereiteten Erklärung mit seinen handschriftlichen Zusätzen.

Ich forderte eine Antwort. Diesmal sagte man mir: »Warten Sie. Eine Antwort kommt.« Aber nichts geschah.

Jeden Tag machte ich einen Vorstoß, morgens und abends, forderte die sofortige Wiederherstellung der Kommunikationsverbindungen und verlangte ein Flugzeug, das mich nach Moskau an meinen Arbeitsplatz bringen sollte. Nach der Pressekonferenz Janajews und seiner Kumpane erhob ich die Forderung nach Widerruf der Mitteilung über meinen Gesundheitszustand – eine Mitteilung von diesen ungemein gesunden Leuten, denen die Hände zitterten.

Später, wieder in Moskau, brachten mir zwei Ärzte ein Schreiben, in dem stand, was für ein Gutachten man von ihnen erwartet hatte: Gorbatschow befinde sich unter Haftandrohung, man müsse ihn retten, »die Diagnose verschärfen«, erklären, daß er schwer krank sei. Man forderte von den Ärzten, das bis sechzehn Uhr des 19. August zu tun, bis zur berüchtigten Pressekonferenz – wahrscheinlich, um diese Erklärung dann dort vorzutragen. Nebenbei gesagt stand da auch, daß die Blutzirkulation im Gehirn nicht funktioniere – und das bereits seit dem 16. August –, daß der Zustand des Präsidenten sehr schlecht und er bettlägerig sei und überhaupt nicht mehr begreife, was um ihn herum geschehe usw. Und das, obwohl ich am 16., 17. und 18. August intensive Gespräche über die bevorstehenden wichtigen Ereignisse geführt habe: Unterzeichnung des Unionsvertrages, Sitzung des Föderationsrates.

Das schwerwiegendste war das Fehlen jeglicher Informationen. Alles war abgeschaltet – außer dem Fernseher, wo sich die Mitteilungen des GKTschP mit Filmen und Unterhaltungsmusik ablösten. Die Offiziere vom Personenschutz aber waren findige Leute; sie trieben in irgendwelchen Räumen Radios auf, bastelten Antennen und bekamen ausländische Sender herein. Am besten waren BBC und »Radio Liberty« zu verstehen. Dann hörten wir auch die »Stimme Amerikas«. Anatoli bekam etwas Westliches über einen Taschentransistor. Wir begannen die Informationen zu sammeln, um die Entwicklung der Situation einschätzen zu können.

Das, was mit uns in diesen Tagen passierte, bedarf einer gründlichen Analyse. Allerdings weise ich jegliche Mutmaßungen über die Position des Präsidenten zurück. Die Position des Präsidenten war prinzipienfest, das brachte die Karten der Putschisten durcheinander und eröffnete uns, wenn wir alle Anstrengungen unternahmen, die Chance, ihnen eine Niederlage beizubringen.

Der Versuch einer Erpressung des Präsidenten war gescheitert, ebenso ausgeblieben sein Ukas zum Notstand, die Übergabe der Regierungsvollmachten und das Abtreten seiner Amtsführung.

Kategorisch weise ich alle Anspielungen darauf zurück, als sei der Präsident nicht auf der Höhe gewesen und hätte sich allein damit befaßt, seine Haut zu retten.

Die Kräfte, die nun eine Niederlage erlitten haben, werden alles mögliche zusammenphantasieren. Sie werden plumpe Lügen erfinden, versuchen, einen Schatten auf den Präsidenten und die demokratischen Kräfte zu werfen und sie zu kompromittieren versuchen.

Es ist auch folgendes im Umlauf: Ich hätte Kenntnis über den bevorstehenden Putsch gehabt; verwiesen wird dabei auf ein Interview, das Lukjanow am 19. August gegeben hat. Die gerichtliche Untersuchung wird die Wahrheit aufdecken. Ebenso wie den Preis für das in Umlauf gebrachte Gerücht, Gorbatschow hätte über intakte Kommunikationsverbindungen verfügt, habe sich zurückgezogen und abwarten wollen, um dann das »Fertigprodukt« abzunehmen. Sozusagen eine sichere Gewinnvariante. Wäre der Putsch gelungen, so hätte der Präsident, indem er dem GKTschP die Chance eingeräumt hätte, als Gewinner dagestanden. Wäre der Putsch hingegen mißlungen, wäre der Präsident wiederum als Sieger hervorgegangen. Von allen Seiten werden immer neue »Enten« verbreitet.

Eben jener Baklanow – und da steht er in einer Reihe mit den Schurken von heute – kalkulierte auf dieselbe Weise, hätte er von mir die Zusage für die Einführung des Notstandes und die Übergabe der Vollmachten an Janajew am 18. August erreicht. Nachdem er mich aufgefordert hatte, das Komitee zu unterstützen, sagte er: »Ruhen Sie sich aus, wir erledigen in Ihrer Abwesenheit das ›schmutzige Geschäft‹(!!). Anschließend kommen Sie nach Moskau.« Ist das nicht wirklich ein merkwürdiges Zusammentreffen? Wenn mich schon jene drei Tage nicht aus dem Gleichgewicht gebracht haben, so wird das jetzt erst recht nicht passieren.

***

Raissa Maximowna hat sich sehr tapfer gehalten, wie auch die anderen Familienmitglieder, obwohl sie begriffen, was auf dem Spiel stand. Und ich bin stolz auf meine Familie.

Am 18. August hoffte ich noch, daß man sich in Moskau besinnen und dem Tun ein Ende bereiten würde, nachdem das Resultat der Begegnung mit mir bekannt war. Die Morgennachrichten – ich erwähnte schon, daß wir am 19. den Fernseher funktionstüchtig gemacht hatten – warfen meine Hoffnungen und Erwartungen über den Haufen, daß die Verschwörer zur Besinnung kommen würden.

Gemeinsam mit der Familie und Tschernjajew faßten wir einen Entschluß. Ungeachtet aller möglichen »Zufälle« sollte eines klar sein: Alle sollten sehen, daß der Präsident lebt, gesund ist, sich in einem normalen Zustand befindet. Sollten die Menschen vergleichen, sich selbst ein Bild machen, ihre eigenen Schlüsse ziehen.

In dem Moment, als über BBC die Mitteilung kam, daß sich eine Gruppe von Verschwörern auf den Weg zur Krim gemacht hätte, angeblich, um der russischen Delegation, dem sowjetischen Volk und der gesamten Öffentlichkeit vorzuführen, in welchem Zustand sich Gorbatschow befinde, in dem Moment begriff ich, daß man etwas Heimtückisches plante. In diesem Augenblick erlitt Raissa Maximowna einen schweren Schock, der nicht ohne Folgen blieb. Ich habe darüber schon anderweitig berichtet. Gut, daß wir alle beisammen waren.

Am besten von uns ertrug Anastassja, meine Enkeltochter, die Situation. Sie begriff überhaupt nichts, tollte herum, wollte sogar im Meer baden... Es blieb uns nichts anderes übrig, als sie hinzubringen. Aber dann war die Leibwache doch dagegen, es hätte ja sonstwas passieren können... Wie gesagt, am schlimmsten war es in diesen drei Tagen für Raissa Maximowna und Irina.

Die Niederlage der Putschisten

Diese drei Tage im August waren das Äußerste. Manchmal sage ich: Das, was vor dem Putsch war, war sozusagen vor der Zeitrechnung, jetzt hat eine neue Epoche begonnen.

Ich möchte wiederholen: Bis zu einem gewissen Grad habe ich die Ereignisse vorhergesehen, habe ich gewußt, daß schwere Zeiten bevorstehen. So etwas hätte bereits im Herbst vergangenen Jahres geschehen können. Meine wichtigste Aufgabe sah ich darin, den Kurs zur grundlegenden Reform der Gesellschaft beizubehalten, diesen komplizierten Prozeß vor extremen und größeren Einbrüchen zu bewahren. Diesem Ziel waren alle meine taktischen Schritte und Aktionen untergeordnet.

Hätte der Putsch vor ein bis zwei Jahren stattgefunden, er hätte Erfolg haben können. Doch inzwischen hat sich die Gesellschaft völlig geändert. Jene, die vor fünf Jahren dreizehn bis fünfzehn Jahre alt waren, sind inzwischen achtzehn bis zwanzig geworden. Sie sind in einer anderen Atmosphäre aufgewachsen. Und sie sind selbst zu mutigen Verteidigern der Demokratie geworden.

Die Gesellschaft hat sich verändert, und die Armee als ein Teil von ihr. Offiziere und Soldaten weigerten sich, gegen das eigene Volk zu marschieren, ohne Rücksicht darauf, daß ihnen das Militärgericht drohte. Ebenso traten auch die Rechtsorgane auf, ja, sogar die Sondereinheiten. Auch darin haben sich die Putschisten verrechnet – sie kalkulierten nicht ein, daß die Gesellschaft längst eine andere war als vor ein paar Jahren.

Die Gesellschaft hatte den Odem der Freiheit geatmet, das konnte ihr niemand mehr nehmen. Das Volk will Gesetzlichkeit und Stabilität, aber nicht mittels einer Diktatur oder einer Notstandszwangsjacke. Es stimmt, das Volk ist es müde, auf die Verbesserung des Lebens zu warten. Aber die Menschen wollen den Ausweg aus der Krise im Rahmen der Demokratie und nicht auf Kosten der Freiheit, der Menschenrechte, nicht durch Gewalt.

Die Putschisten haben sich gründlich verrechnet, was die qualitativ neuen Beziehungen zwischen der UdSSR und ihren westlichen Partnern betrifft. Sie haben die gewaltigen prinzipiellen Veränderungen der internationalen Situation unseres Staates ignoriert, besonders die Beziehungen zu den Völkern der Vereinigten Staaten und Europas. Zu Anfang gab es gewisse Unschlüssigkeiten bei der Bewertung des Putsches, aber bald schon brachte die erdrükkende Mehrheit der ausländischen Regierungen den Putschisten ein entschiedenes »Nein« entgegen und wies jegliche Zusammenarbeit mit ihnen zurück.

Beide Faktoren in ihrer Wechselwirkung – die demokratischen Errungenschaften der Perestroika und die neuen Beziehungen zur Außenwelt – sorgten für die Niederlage der Putschisten.

Ich war immer davon überzeugt – sogar dann, als man mir das Ultimatum abforderte, die Vollmachten an den Vizepräsidenten zu übergeben oder zurückzutreten, um »das Vaterland zu retten« –, daß dieses Abenteuer nicht gelingen und die Abenteurer eine Niederlage erleiden würden. Sie haben das Land und das Volk in die Katastrophe getrieben. Und dafür müssen sie sich verantworten.

Ihre Absichten waren weitreichend: vor allem den demokratischen Kräften, die sich trotz aller Schwierigkeiten behaupteten, einen Schlag zu versetzen. Das war ihr Hauptanliegen. Zu ihrem Plan gehörten die Erpressung des Präsidenten und die Mitteilung, daß er verhaftet sei. Mit anderen Worten: den Schlag führen und mich isolieren, wenn ich nicht zur Zusammenarbeit mit der Reaktion bereit war, und dann den Präsidenten der Russischen Föderation isolieren. Die Ermittlungen und das Gericht werden zeigen, ob es allein bei der Isolierung bleiben sollte.

Doch die demokratischen Kräfte haben gezeigt, daß sie fähig waren, sich zusammenzuschließen, gemeinsam zu handeln, den Reformkurs und die Perestroika zu verteidigen – auf dem Weg zu einer neuen Gesellschaft.

Am allerschwersten waren der 19. August und die Nacht vom 20. auf den 21. August. Und das, obwohl am 20. August klar war, daß die Putschisten nichts zustande bringen würden. Die Positionen des Präsidenten der UdSSR und der russischen Führung haben ihre Pläne durcheinandergebracht. Auch in den Republiken begann die Umkehr, wenn auch zu Beginn manche geschwankt hatten.

Eine gewichtige Rolle spielte der Kampf, der von Boris Jelzin gegen die Putschisten organisiert wurde. Er hat eine mutige Position bezogen, hat entschlossen gehandelt, indem er die volle Verantwortung auf sich nahm. Das war unter diesen außergewöhnlichen Umständen gerechtfertigt, und, zurück in Moskau, habe ich die von ihm in den Putschtagen getroffenen Anordnungen bestätigt. Ich denke, daß auch die Russen in diesen Tagen auf eine Art handelten, die zeigt, daß sie von höheren Interessen ausgingen. Das, was sie taten, wurde von der Situation diktiert. Ohne diese feste Position hätten die Ereignisse eine dramatische Wende nehmen können.

Hier muß ich noch ein paar Worte zu der prinzipiellen und mutigen Position der Moskauer und Leningrader und der Menschen in vielen Gebieten Rußlands sagen. Bei der Vereitlung der Verschwörung spielte die Position der Präsidenten und Parlamente der meisten Republiken und örtlichen Sowjets eine große Rolle. Standhaft verteidigten sie die Gesetzmäßigkeit ihrer souveränen Rechte. In dieser schweren Stunde haben die meisten Journalisten und Mitarbeiter der Massenmedien untrüglich gezeigt, zu wem sie standen; sie haben keine Furcht gezeigt und keine Feigheit, sie haben nicht um die Gunst der Usurpatoren geworben. Der Versuch der Putschisten, den Anschein zu erwecken, als würde das ganze Land sie unterstützen, erwies sich als kläglich und lächerlich.

Man kann sagen, daß der Nowo-Ogarewo-Prozeß funktioniert hat. Wir haben ihn zur rechten Zeit in Gang gesetzt, und jetzt hat er seine Wirkung gezeigt.

Die Verschwörer haben das Schlimmste machen wollen – die Armee auf das Volk hetzen. Aber das ist ihnen nicht gelungen. Viele Kommandeure, Offiziere und die meisten Soldaten, ganze Einheiten und Truppenverbände haben den Befehl verweigert. Sie blieben ihrem Eid treu, stellten sich an die Seite der tapferen Verteidiger der Demokratie.

Übrigens, wenn wir von den Generälen sprechen, sollten wir nicht vergessen, daß General Schaposchnikow nicht zu den Verschwörern hielt. Es wären ja nur drei Flugzeuge nötig gewesen, und vom Weißen Haus und vom Kreml wären nur Ruinen geblieben. Der Kommandeur des Leningrader Bezirks erklärte nach einem Gespräch mit dem Bürgermeister: »Sie können beruhigt sein, in Leningrad wird es keine Truppen geben.« Das berichtete mir Anatoli Sobtschak.

Auch die Armee hat gezeigt, daß sie inzwischen eine andere war: Nach den schwierigen und schmerzhaften Umwandlungsprozessen wächst bei uns eine neue Armee heran. Man muß ihr Gerechtigkeit widerfahren lassen. Andernfalls wäre es den Putschisten ein leichtes gewesen, ihre Pläne zu verwirklichen.

Man spekuliert jetzt viel über die intellektuellen Fähigkeiten der Umstürzler. Man sollte sich jedoch vor Vereinfachungen hüten. Ich glaube, die Gründe für ihr Verhalten sind in ihrer politischen Position zu suchen. Sie haben die Perestroika und die politisch-demokratischen Wandlungen nicht akzeptiert, sie gingen einen verbrecherischen

Weg und rechneten vor allem mit der Unzufriedenheit der Menschen.

Die Putschisten begingen einen ungeheuerlichen Betrug, indem sie erklärten, daß der Präsident schwer krank und handlungsunfähig sei. Das Fürchterlichste dabei ist der Verrat, insbesondere der von Lukjanow. Er begegnete mir seinerzeit auf dem Korridor nach einer der Sitzungen des Obersten Sowjets. Wir hatten uns nach dem 21. August, als er in Foros aufgetaucht war, nicht mehr gesprochen. Ich hatte übrigens auch nicht das Verlangen, mit ihm zu reden. Ich hatte Lukjanow vertraut – ich rechnete damit, daß er weder unsere Sache noch mich verraten würde. Vierzig Jahre, seit der gemeinsamen Studentenzeit, hatten uns kameradschaftliche Gefühle verbunden. Man kann sein Vorgehen nicht mit Feigheit erklären, seine intellektuellen Fähigkeiten in Zweifel ziehen, – nein, das ist unmöglich. Also Berechnung! Die gerichtlichen Ermittlungen werden es an den Tag bringen.

Jetzt werden alle einsehen, daß diese sechs Jahre voller Schwierigkeiten nicht umsonst waren. Die Gesellschaft hat viel erreicht. Sie hat die Freiheit errungen, hat sich nicht auf den blutigen Weg drängen lassen. Ich denke, man kann sich kein besseres Argument, kein kompetenteres Plebiszit vorstellen.

In all den Gesprächen, die ich in den ersten Stunden und Tagen nach meiner Rückkehr nach Moskau führte – mit Bush, Mitterrand, Kohl, Major, Andreotti, Mulroney,

Hawke, Kaifu, Mubarak und mit anderen Staatsoberhäuptern –, niemand hat den Putschisten beigepflichtet. Außer Gaddafhi und Hussein.

Als klarwurde, welch unversöhnliche Position Rußland, seine Führung, die anderen Republiken und die Mehrheit des Volkes einnahmen, als augenscheinlich wurde, daß die Armee nicht der Junta folgte, suchte das selbsternannte Komitee voller Panik nach einem Ausweg.

Am 21. August, etwa gegen siebzehn Uhr, teilte man mir – dort unten, im Süden – mit, daß eine Gruppe von Verschwörern im Präsidentenflugzeug auf der Krim gelandet sei. Damals wußte ich nicht, daß es zwischen der Führung Rußlands und dem GKTschP ein Gespräch gegeben hatte, wonach die Putschisten Boris Jelzin aufgefordert hatten, mit auf die Krim zu fliegen, um sich persönlich von meinem Gesundheitszustand zu überzeugen. Als die Truppe auf dem Territorium der Datscha auftauchte, ordnete ich an, sie unter Bewachung zu nehmen. Und ich stellte die Forderung: Ich würde so lange mit niemandem von ihnen reden, bis man mir die Regierungsleitung wieder freigäbe. Daraufhin ließ man mir durch den Wachschutz mitteilen, es würde lange dauern. Das störe mich nicht, ließ ich ihnen sagen, ich könne warten.

Die Verbindung wurde wiederhergestellt. Die Funktechniker informierten mich, daß Krjutschkow mit mir reden wolle; ich ließ ausrichten, er möge warten. Und dann stellte ich sofort Verbindungen mit Boris Jelzin, dem Präsidenten Rußlands, Nursultan Nasarbajew, dem Präsidenten Kasachstans, Nikolai Dementjej, dem damaligen Präsidenten von Bjelorußland, und mit Karimow, dem Präsidenten von Usbekistan, her. Dann ließ ich mich mit General Moissejew verbinden und teilte mit, daß ich Verteidigungsminister Jasow sofort von seinen Verpflichtungen entbände und ihm, Moissejew, vorläufig alle Funktionen übertrüge; außerdem ordnete ich die Rückkehr der Truppen in ihre Standorte an. Dem Chef der Regierungsleitung gab ich die Order, den Verschwörern die Telefone abzuschalten. Nach kurzer Zeit teilte er mit, daß er den Befehl ausgeführt habe. Dem Kremlkommandanten befahl ich, alle Komiteemitglieder im Kreml festzuhalten. Moissejew und Panjukow, dem Minister für Zivilluftfahrt, übertrug ich die Aufgabe, für eine ordnungsgemäße Landung der russischen Delegation mit dem Vizepräsidenten Ruzkoi an der Spitze auf dem Militärflughafen von Belbek zu sorgen. Von Foros telefonierte ich dann mit dem amerikanischen Präsidenten George Bush.

Ich hätte meine Mutter anrufen müssen. Aber es klappte nicht, was ich bis heute bedaure. Wieder in Moskau, ließen sich Raissa Maximowna und ich gleich mit unseren Müttern, Maria Pantelejewna und Alexandra Petrowna, verbinden.

Man meldete mir, daß Iwaschko und Lukjanow mich unverzüglich zu sprechen wünschten – sie hätten nichts mit den Putschisten gemein. Ich habe sie später empfangen. An dem Gespräch nahmen Bakatin, Primakow, Tschernjajew teil. Die anderen – Krjutschkow, Baklanow und Jasow – habe ich nicht empfangen. Und gesehen habe ich sie auch nicht. Wir teilten sie auf die Flugzeuge auf und brachten sie nach Moskau. Gleich nach der Landung wurden Jasow und Krjutschkow verhaftet und isoliert. Baklanow wurde nach Zustimmung durch den Obersten Sowjet verhaftet.

Der Putsch war gescheitert. Doch leider war Blut vergossen worden. Ich möchte den Familien der Toten, ihren Verwandten, Freunden und Kollegen mein tiefstes Beileid ausdrücken. Ihre Namen sollten auf Gedenktafeln am Ort ihres Todes verewigt werden. Sie bleiben auf immer in unseren Herzen bewahrt.

Ich möchte das wiederholen, was ich bereits in jenen Tagen gesagt habe: Die Strafmaßnahmen und die juristische Verantwortung für den Putsch sollen auf seine Organisatoren und die unmittelbar an ihm beteiligten Personen ausgedehnt werden.

Die Demokraten, die den Putschisten die Niederlage beigebracht haben, sollten alles tun, daß niemand auf die Idee komme, man verfolge irgendwelche »Randfiguren« oder betreibe eine »Hexenjagd«, um den Kreis der Verantwortlichen zu erweitern. Nein, nur die am Putsch Schuldigen müssen bestraft werden. Ich habe mich an alle Staatsanwälte gewandt, an die Innenministerien der Union und der Republiken und an den KGB und sie aufgefordert, nur in dieser Weise vorzugehen. Dieselbe Ansicht vertreten auch die Führer der Republiken, mit denen ich darüber gesprochen habe.

Ich habe die Augustereignisse »das Äußerste« genannt. Nach der Rückkehr von der Krim, nach meiner »Blokkade« war ich vom Zustand der Gesellschaft erschüttert. Das Land war in einem Schockzustand. Nach dem Zusammenbruch des Putsches und als Reaktion auf ihn vollzog sich im Land ein gewaltiger Desintegrationsprozeß. Es folgte eine Serie demonstrativer Akte und Deklarationen über die Unabhängigkeit. Da war eine Art Notwehr der Republiken als Antwort auf den Umsturz.

Besorgnis machte sich breit, die Sowjetunion drohe zu zerfallen. Wir müssen die Reaktion auf den Putsch im Land realistisch einschätzen. Wir dürfen nicht unterschätzen, daß es Kräfte gab, die mit den Putschisten sympathisierten oder eine neutrale Haltung einnahmen. Die Reaktion ist ihrer Führung beraubt worden, doch die Lage bleibt kompliziert. Sie ist nicht einfacher geworden, obwohl neue große Möglichkeiten für die Fortsetzung der demokratischen Umgestaltung freigesetzt wurden.

Das, was vorgefallen ist, ist persönlich für mich eine harte Lehre. In den vergangenen Tagen und Wochen habe ich über vieles nachdenken müssen. Und ich habe aus dieser Tragödie Schlußfolgerungen gezogen. Man redete davon, daß ich in ein anderes Land gekommen sei. Das stimmt. Und ich kann noch hinzufügen: Ein Mann ist von der Krim in ein anderes Land zurückgekehrt, der alles – die Vergangenheit, den heutigen Tag, die Perspektiven – mit anderen Augen betrachtet. Solange ich Präsident bin, werde ich keine Verzögerungen und keine Unschlüssigkeiten bei der Durchführung der Reformen zulassen. Und Kompromisse mit denen, mit denen sich kein Einvernehmen erzielen läßt, wird es nicht mehr geben.

Heute wünsche ich, vielleicht mehr noch als gestern, daß alles, was wir tun, im Rahmen der Demokratie und ohne Blutvergießen geschieht. Es mußte gehandelt werden. Vieles war noch nicht klar. Es begann eine neue Epoche...

Die Lehren des Putsches

Wenn ich die Ereignisse analysiere und versuche, zu ihrem Wesen vorzudringen, bemühe ich mich zu begreifen, was diese Leute zum Verrat trieb. Augenscheinlich liegt der Fehler nicht allein in der Wahl der Personen. Unter ihnen sind doch solche, die ich kenne und mit denen ich jahrelang zusammengearbeitet habe. Das heißt, die Perestroika enthüllte tatsächlich fundamentale Unterschiede in den Anschauungen, wohin wir in letzter Konsequenz zu gehen hätten. Diese Leute waren nicht imstande zu begreifen und zu akzeptieren, wohin uns die Perestroika bringen sollte.

Die Augustereignisse bestätigten den irreversiblen Charakter der Veränderungen, zu denen Demokratisierung und Glasnost geführt hatten. Es war tatsächlich eine neue Art von Leben angebrochen. Sehr viele Menschen empfanden sich als Bürger, denen ungeachtet aller Alltagsquerelen die Freiheit das höchste Gut bedeutete.

Der Putsch hatte auch deshalb keinen Erfolg, weil die gesamte Umwelt ihn verurteilte und zur Verteidigung unserer Demokratie antrat, die als ein Teil der ganzen demokratischen Welt empfunden wurde. Eine durchaus natürliche Position: Durch das neue Denken und die darauf gegründete Außenpolitik hatte die Sowjetunion aufgehört, der Widersacher für die Welt zu sein. Im Erfolg der Perestroika sieht man nun die notwendigen Bedingungen für Sicherheit und Fortschritt der gesamten Menschheit.

Wir müssen die Geschehnisse nüchtern beurteilen, müssen schonungslos in der Analyse sein und müssen, wenn wir alles realistisch einschätzen, erkennen, daß es Voraussetzungen gab, auf denen die Verschwörer ihre Pläne aufbauen konnten. Es gab Fehlkalkulationen in der sozialökonomischen Sphäre und bei der Demontage der alten Strukturen. Und wir hätten den Nowo-Ogarewo-Prozeß früher beginnen sollen.

Die Putschisten rechneten mit der verstärkten Unzufriedenheit der Leute, mit dem Niedergang der Ordnung im Land, sie stützten sich auf die Unfähigkeit der Machtorgane, den Schutz von Personen und Eigentum zu garantieren. Sie wollten die Unruhe in der Gesellschaft, die von den nationalen Konflikten ausgehende Gefahr sowie die bedrohliche Desintegration des Landes ausnutzen.

Sie rechneten auch damit, daß sich die demokratischen Kräfte noch nicht konsolidiert hätten, daß sie noch nicht erkannt hätten, wie lebensnotwendig gemeinsames Handeln sei. Sie agierten ja noch isoliert, verzettelten sich in politischen Fehden, brachten uns, die wir im wesentlichen denselben Zielen verpflichtet waren, auseinander. Manchmal trieb es uns sogar auf verschiedene Seiten der politischen Barrikaden. Nicht nur einmal habe ich darauf hingewiesen, daß es, wenn die Anhänger der Demokratie, die politischen Bewegungen sich bekämpfen, sich in politischen Auseinandersetzungen zerfleischen, das größte Geschenk für die Gegner der Umgestaltung unseres Landes sei. Ungenügender Scharfblick und mangelhafte Verantwortung für die gemeinsame demokratische Sache zeigten ihre Auswirkungen. Das trifft auch in vollem Umfang auf mich selbst zu.

Den Verschwörern gelang es nicht, ihr verbrecherisches Vorhaben zu Ende zu bringen – sie konnten die Armee nicht gegen die Bevölkerung einsetzen. Die Armee war auf der Seite des Volkes. Dennoch war es möglich gewesen, ein Maximum an Truppen, Panzern und anderer Waffentechnik auf die Straßen zu bringen – ohne Zustimmung seitens der höchsten gesetzgebenden Organe des Landes. Diese Tatsache ist offensichtlich, und das heißt, daß in unserem Mechanismus etwas nicht in Ordnung ist.

Die notwendige Reorganisation des KGB ist nicht durchgeführt worden. Selbstverständlich verteidigen die Mitarbeiter der Sicherheitsdienste die Interessen des Staates mit Hilfe von Aufklärung und Gegenaufklärung. Damit muß sich der KGB befassen. Daneben aber bewahrte er – selbst unter den Bedingungen tiefgreifender demokratischer Umgestaltungen – doch noch Mechanismen aus dem politischen Spitzeldienst und dem ideologischen Kampf.

Die Verschwörer hätten ihre Pläne nicht verwirklichen können, hätten sich der Oberste Sowjet und sein Vorsitzender ihnen widersetzt. Die Ereignisse hätten die unverzügliche Einberufung des Obersten Sowjets erfordert. Rußland hat in dieser Hinsicht sofort reagiert, und das spielte für das Zurückschlagen des Putsches eine gewaltige Rolle. Der Oberste Sowjet aber hat seine konstitutionellen Vollmachten nicht wahrgenommen.

Wo war sein Präsidium? Wo waren die Deputierten selbst? Warum sind sie nicht sofort in die Hauptstadt geeilt? Tritt eine solche Situation ein, müßte man doch annehmen, daß sich alle ohne jegliche Telegramme, Anrufe, Erklärungen umgehend in der Hauptstadt einfinden, dort, wo das höchste Machtorgan tagt!

Hätte sich der Oberste Sowjet am 19. August versammelt, hätte der Putsch gleich bei seinem Ausbruch gestoppt werden können. Das bedeutet, man muß konstitutionelle Mechanismen schaffen, die eine Wiederholung solcher Vorfälle ausschließen. Welche Autorität die Menschen an der Spitze des Obersten Sowjets auch immer genießen mögen, es muß einen Mechanismus geben, der in den für das Land kritischen und schicksalsträchtigen Situationen unverzüglich das höchste gesetzgebende Organ einschaltet, das der Oberste Sowjet nun mal ist, um Gesetzmäßigkeit, Rechtsstaatlichkeit und Bürgerrechte zu verteidigen.

Dafür, daß die Mechanismen des Obersten Sowjets der UdSSR nicht funktioniert haben, dafür, daß sich viele Mitglieder des Ministerkabinetts hilflos und feige verhalten haben, dafür, daß an der Spitze von drei Organisationen, die über die militärische Macht verfügen, Männer saßen, die sich zu einem Staatsstreich hinreißen ließen – dafür trage ich als Präsident eine große, genauer, die größte Verantwortung.

Man muß daraus die Lehren ziehen, und nicht nur moralisch-politische. Es ist absolut notwendig, eine zuverlässige konstitutionelle und gesellschaftliche Kontrolle für die bewaffneten Kräfte und die rechtsstaatlichen Organe zu schaffen. Unverzüglich muß der KGB reorganisiert werden.

Und es tut sich bereits einiges.

Die wichtigste Lehre aus den Augustereignissen ist: Wir müssen die demokratische Umgestaltung beschleunigen.

Wir müssen alle Hemmnisse und Schranken beseitigen, die von den alten Strukturen und den alten Leuten auf dem Weg zur Marktwirtschaft errichtet worden sind; wir müssen dem Unternehmertum freie Bahn einräumen, den Monopolismus, die Zwangsmethoden und die Diktatur von oben beseitigen und schnellstmöglich Basisinstitute für Marktwirtschaft schaffen.

Deshalb unterstützte ich den Vorschlag, beim Präsidenten des Landes einen Unternehmerrat zu gründen. Die ersten Projekte, die auf eine Förderung des Unternehmertums in allen Bereichen der Wirtschaft gerichtet sind, greifen bereits.

Wir müssen der Landreform sozusagen den zweiten Atem einhauchen. Grund und Boden ist vorhanden, nun müssen für die, die den Boden bearbeiten wollen, alle Hemmnisse beiseite geräumt werden. Hier ist staatliche Unterstützung für die Bauern gefragt. Alle diese Probleme müssen wir diesen Herbst und Winter lösen. Und wir sollten dabei die Initiativen der Öffentlichkeit nutzen.

Wir dürfen die kardinale Umgestaltung der Kredit- und

Finanzpolitik nicht weiter auf die lange Bank schieben; die Ausgaben für das Haushaltsbudget müssen gekürzt, das Defizit im Budget muß verringert, der Geldumlauf normalisiert werden.

Die gesamte außenwirtschaftliche Sphäre, die Festlegung der Wechselkurse, die Nutzung von Krediten und die Wirtschaftshilfe, müssen reorganisiert werden. Große Projekte müssen schneller realisiert werden.

Und wir müssen uns von unhaltbaren Versprechungen und von undurchführbaren Programmen lösen, vom ökonomischen Populismus. Wir müssen unsere Aufmerksamkeit auf die grundlegenden Fragen des sozialen Schutzes für die Arbeitnehmer unter den Bedingungen des Marktes richten: Anhebung des Lebensniveaus, insbesondere für die Minderbemittelten, Sicherstellung von Arbeitsplatz und Wohnraum.

Wir dürfen keine Zeit verlieren. Wenn wir nicht das Gefühl vermitteln, daß wir handeln, verlieren wir das Vertrauen der Menschen. Indem wir den Putsch zurückschlugen, haben wir – ich wiederhole es – dem Drachen lediglich einen Kopfstoß versetzt. Noch sind die Kräfte der Reaktion, und zwar reale Kräfte, vorhanden. Sie unternehmen Schritte zu ihrer Konsolidierung, rechnen mit unserer Handlungsunfähigkeit und Schwerfälligkeit.

Und noch eines: Wir alle, die wir diese Verschwörung zu Fall gebracht haben, die wir uns den verbrecherischen Plänen entgegengestellt haben, wir dürfen nicht mit den Wünschen und Emotionen der Menschen spielen, wir dürfen nicht die Methoden anwenden, zu denen die Verschwörer gegriffen haben. Eine solche Gefahr besteht durchaus. Wenn wir dieselben Methoden benutzen, werden wir alles verlieren, was wir durch die Zerschlagung des Putsches gewonnen haben.

Wir müssen jetzt sehr achtsam sein, die Nerven behalten, dürfen uns keinerlei Provokation aussetzen. Vor uns liegt sehr harte Arbeit. Wir müssen alles tun, das Leben der Menschen zu verbessern. Das ist jetzt das wichtigste.

Das, was wir in der letzten Zeit durchgemacht haben, ist ein Drama, das alle Probleme und Widersprüche bis an die Grenzen ausgelotet hat. Andererseits haben diese Ereignisse wie das Hochwasser im Frühling vieles weggeschwemmt, was uns auf dem Weg nach vorn behindert hat. Wir müssen die nun eingetretenen Umstände für die beschleunigte Lösung aller unserer Probleme nutzen. Man könnte sagen, daß das eine Art Pannenstopp war, daß wir jetzt um so entschlossener vorwärtsgehen und die neue, historische Chance, die sich dem Land geboten hat, voll nutzen müssen.

Als der Mann, der seit 1985 an der Spitze der KPdSU steht, kann ich die Frage der Beziehung zu den Kommunisten nicht umgehen. Meine Position ist in dieser Frage: Ich bin entschieden dagegen, im Land eine antikommunistische Hysterie, eine Hexenjagd auf Millionen Kommunisten – ehrliche Menschen, die sich nicht beschmutzt haben – zuzulassen. Lange Zeit habe ich tatsächlich gemeint, man könne die KPdSU erneuern. Aber als ein Resultat des Augustputsches habe ich diese Hoffnung begraben. Das habe ich kurz nach der Rückkehr von der Krim begriffen.

In der Führung der Partei, in erster Linie im Sekretariat des ZK, saßen Leute, die nicht den Mut aufbrachten, dem Putsch entgegenzutreten, die Gesetzlichkeit der Union und den Generalsekretär zu verteidigen und eine Begegnung mit ihm zu erzwingen. Im Grunde genommen unterstützten sie das GKTschP, desorientierten die Partei und führten sie auf einen verhängnisvollen Weg. Viele Komitees beschlossen, den Putschisten zu helfen.

Wenn ich über die Verantwortlichkeit der führenden Organe spreche, halte ich es für dringend angezeigt, die Millionen einfacher Parteimitglieder von der Parteibürokratie zu trennen. Ich habe das gleich gesagt, als ich dazu die Möglichkeit hatte – am 22. August. Ich wiederhole mich, aber ich sage es nochmals: Der Umsturz hat die Hoffnung auf eine Reformierung der KPdSU, die Hoffnung, sie in eine demokratische moderne Partei umzubilden, zunichte gemacht. Deshalb bin ich von meinen Pflichten als Generalsekretär zurückgetreten und habe dem ZK die Selbstauflösung empfohlen.

In den Republiken vollzieht sich die Reorganisation der Partei, ihre Programme und auch die Namen werden geändert. Vielleicht entstehen mit der Zeit in unserem Land zwei große Parteien: eine sozialistische und eine demokratische. Die Hauptsache ist, daß die einfachen Kommunisten, die keinerlei Beziehung zum Putsch hatten, selbständig und ohne Druck ihre Wahl treffen können.

Ich gehöre zu den Menschen, die nie ihren Standpunkt verleugnet haben. Ich bin ein überzeugter Anhänger der sozialistischen Idee. Durch viele Jahrhunderte hat diese Idee ihren Weg gefunden. Sie hat viele Anhänger, und in einer Reihe von Staaten stehen sie an der Spitze der Regierung. Es gibt verschiedene Zweige der sozialistischen Bewegung, doch sie ist kein Modell, zu dem man eine Gesellschaft zwingen darf. Nein, sie ist eine Idee, die Werte beinhaltet und erarbeitet auf der Suche nach einer gerechteren Gesellschaft, einer besseren Welt. Eine Idee, gespeist von vielen Auffassungen des Christentums und anderer, philosophischer Strömungen. Die Ideen des Sozialismus finden sich in vielen gesellschaftlichen und politischen Bewegungen wieder.

Ich halte mich für einen Demokraten, wobei ich davon ausgehe, daß die sozialistische Idee ohne Demokratie, ohne die richtige und zuverlässige Lösung der sozialen Fragen, unmöglich ist. Bei der Beurteilung des Sozialismus müssen wir uns darüber klar sein, daß das Modell des Sozialismus, wie er in unserem Land herrschte, einen Zusammenbruch erlitten hat, jedoch nicht die sozialistische Idee.

Zuweilen wird die Frage gestellt: Muß die Oktoberrevolution als eine Katastrophe beurteilt werden, oder war sie trotz allem eine wirkliche Revolution? Ich verstehe, warum eine solche Frage auftaucht: weil die historischen Resultate, die die Menschen erhofften, sich nicht bestätigt haben. Aber das waren nicht die Resultate der Ideen des Oktober, einer echten Volksrevolution. Es waren die Resultate des auf Gewalt beruhenden stalinistischen Gesellschaftsmodells. Man darf hier das eine mit dem anderen nicht vermengen.

Was meine eigenen Anschauungen betrifft, so habe ich all diese Jahre hindurch alles nur Erdenkliche getan, um mit dem Stalinismus zu brechen. Wäre es nicht so, sollte man gar nicht erst über die Realisierung der sozialistischen Idee nachdenken. Die Menschen selbst sollen ihr Leben in ihrem Land bestimmen. Und wir sind dazu aufgerufen, die Prozesse der Demokratisierung in allen Sphären zu stärken und zu entwickeln. Das alles bedeutet für mich die Hinwendung zu größerer Gerechtigkeit für den Menschen, Bestätigung seiner Rechte und Freiheiten, Recht und Freiheit für alle Völker. Das ist Bewegung in Richtung Verwirklichung der sozialistischen Idee. So verstehe ich die Problematik.

In einigen besonders heftigen Auftritten nach den Augustereignissen erklang die Forderung an den Obersten Sowjet, an die Regierung der Russischen Föderation und an die Obersten Sowjets und Regierungen der anderen Republiken, den Sozialismus auf dem Territorium der Sowjetunion zu liquidieren. Das ist eine sehr gefährliche

Utopie. Daß diese Aufgabe niemand erfüllen kann, ist wohl klar. Und daß dies eine aktuelle Variante von Kreuzzug und Religionskrieg ist, der das Land in einen bürgerkriegsähnlichen Konflikt stürzen kann – das ist wohl ebenso klar.

Wir haben in unserem Land die Freiheit der Überzeugungen, den politischen Pluralismus proklamiert. Den Sozialismus vom Territorium der Sowjetunion zu eliminieren bedeutet »Hexenjagd«. Der Mensch bestimmt seine Position selbst, wählt eine Bewegung oder Partei oder bleibt außerhalb einer Bewegung oder Partei. Das ist das Prinzip der Freiheit der Wahl, auf das wir geschworen haben. Diesem Weg müssen wir streng folgen.

Die außerordentliche Tagung des Obersten Sowjets der UdSSR

Bei der Vorbereitung zur Tagung, die am 26. August eröffnet wurde, sah ich zwei Kardinalaufgaben vor mir.

Erstens: Ungeachtet aller Widerstände müssen wir die Festigung von Gesetzmäßigkeit und rechtsstaatlicher Ordnung erreichen. Ein anderer Weg ist unannehmbar. Ich verstehe die Ausbrüche von gerechtem Zorn. Aber wir dürfen nicht unter seinem Einfluß den Weg von Anarchie und Gesetzlosigkeit beschreiten. Das würde den Sieg über die Putschisten in Mißkredit bringen, würde denen in die Hände arbeiten, die Unruhe wollen.

Wir müssen den Staatsfunktionären Gerechtigkeit widerfahren lassen, die sich dem Umsturz nicht entgegenstellten, obwohl sie es konnten, die eine abwartende Position bezogen, ja, die bereit waren, sich dem verbrecherischen Notstandskomitee zu beugen. Wenn sie schon nicht den Mut aufbrachten, das Gesetz zu verteidigen und als Zeichen des Protestes zurückzutreten, so sollten sie es wenigstens jetzt tun.

Doch wir selbst dürfen nach diesen Ereignissen nicht den Weg der Verfolgung beschreiten, wir dürfen nicht so handeln, wie man seinerzeit gehandelt hat. Nein, wir müssen im Rahmen von Demokratie und Glasnost bleiben, müssen uns zur Rechtsstaatlichkeit bekennen.

Mit einem Wort, ich werde keine allgemeinen Beschuldigungen dulden. Wir müssen jeden einzelnen Fall gesondert klären. Nur so wird verfahren werden. Es darf keine Nachsicht geben, aber auch keine Gesetzlosigkeit. Abrechnung mit politischen Gegnern, Verfolgung Andersdenkender, Nachstellungen wegen Zugehörigkeit zu der einen oder anderen politischen Bewegung sind unzulässig. Unsere Gesellschaft, die die grauenhaften Repressionen des Stalinregimes, die Jahrzehnte der Willkür durchlebt hat, ist in dieser Hinsicht besonders sensibel.

Zweitens: Für besonders wichtig erachte ich die Erneuerung des Prozesses, der mit dem Unionsvertrag verbunden ist. Die Verschwörer haben die für den 20. August anberaumte Unterzeichnung verhindern können. Gleichzeitig mit der Erklärung des sogenannten Notstandskomitees wurde eine Erklärung von Lukjanow veröffentlicht, die, wie ich dann erfuhr, ununterbrochen über die Massenmedien verbreitet wurde. Darin versuchte er zu beweisen, daß der Unionsvertrag nichts tauge und man ihn keinesfalls unterzeichnen dürfe.

Doch der Entwurf des Unionsvertrages stellt die Balance der Interessen der Teilnehmer der Nowo-Ogarewo-Übereinkunft dar. Ich war mit dem Vorschlag einverstanden, der von seiten der Führung der Russischen Föderation und der Teilnehmer aus Leningrad und dem nordwestlichen Teil der Republik kam, die Unterzeichnung nicht hinauszuzögern.

Auf dem Treffen mit den Führern von neun Republiken am 23. August, am zweiten Tag nach meiner Rückkehr von der Krim, herrschte die Meinung vor, den Vertrag so schnell wie möglich zu paraphieren, die Sache nicht zu verschieben. Ich möchte unterstreichen, daß hier nicht von Vollendung die Rede ist, sondern vom Beginn einer tiefgreifenden Umgestaltung unseres Landes.

Das möglicherweise tragischste Resultat des Umsturzversuchs ist, daß die zentrifugalen Tendenzen in unserem Land einen Auftrieb bekommen haben. Es droht der Auseinanderfall des Unionsstaates. Ich denke ständig mit großer Sorge und innerer Gespanntheit daran. Wenn das geschieht, sind alle unsere Gespräche und alle unsere Zukunftspläne nichts als eine Luftblase, leeres Geschwätz.

Diese Frage habe ich in den Vordergrund gestellt, an die erste Stelle. Das um so mehr, als ich häufig folgende Überlegungen gehört habe: Laßt uns erst mal auseinandergehen, dann leben, und dann kommen wir wieder zusammen.

Alle haben sich dafür ausgesprochen, daß es eine gemeinsame Verteidigung, gemeinsame bewaffnete Kräfte geben muß. Das bedeutet keineswegs, wie es im Laufe des Meinungsaustausches klar wurde, daß nicht beispielsweise in Rußland eine eigene Nationalgarde existieren kann – drei- bis viertausend Leute, die man für bestimmte Situationen braucht, so, wenn dem Parlament Gefahr droht oder etwas ähnliches. Das ist eine ganz andere Frage. Aber im Prinzip brauchen wir eine einheitliche Armee und einen einheitlichen ökonomischen Markt. Mit einem Wort: Darüber herrschte Einvernehmen. Im Vertrag sollten notwendige Korrekturen eingebracht, der Prozeß der Unterzeichnung sollte eingeleitet werden.

Die Tagung bedachte diese Ausführungen mit Beifall. Aber es gab im Verlauf der Diskussionen auch andere Meinungen: den Unionsvertrag aufzugeben – wir befänden uns längst in einem anderen Land, in einer anderen Epoche. Natürlich darf man keineswegs das ignorieren, was in den Augusttagen geschehen ist. Korrekturen müssen sein, Korrekturen, die die Erfahrung beinhalten, die diese Tragödie uns gelehrt hat, und auch die Lehren aus den Ereignissen. Ich meinte, daß die Führer der Republiken, die für den Unionsvertrag sind, sich damit unverzüglich befassen sollten. Zumal zu jenem Zeitpunkt bereits ein Einvernehmen erzielt war, umgehend mit der Ausarbeitung einer ökonomischen Übereinkunft zu beginnen

Deshalb habe ich mich auf der Tagung mit aller Entschiedenheit dafür ausgesprochen, Änderungen in den Vertrag einzubringen. Nicht auf die Lage zu reagieren, so zu tun, als hätten wir den Stand wie vor dem 18. August – das ist keine Politik. Andererseits dürfen wir auch nicht alles wegwerfen, was wir im Nowo-Ogarewo-Prozeß erreicht haben. Das wäre ein Fehler.

Noch sind wir nicht auseinandergebrochen, noch nicht auseinandergefallen; es sind lediglich die Verbindungen zwischen den Republiken geschwächt, es begann die Konfrontation, die in Gang gebrachten Beziehungen sind gestört. Und in welchem Zustand ist das Land? Wohin führt die Absage an die Unterzeichnung des Unionsvertrages? Was wird, wenn sich die Republiken in kategorischer

Form von der Union abwenden, wenn sie in einer emotionalen Atmosphäre, übereilt, buchstäblich in wenigen Stunden die höchst komplizierten Fragen lösen, die mit dem Schicksal dieses gewaltigen Staates verbunden sind, der sich in tausend Jahren formiert hat? Und was wird mit dem Schicksal von Millionen von Menschen, was mit den Bürgerrechten, mit den Grenzen, mit dem Eigentum am gesellschaftlichen Reichtum, der durch die gemeinsame Arbeit des ganzen Volkes entstanden ist?

Nein, wir müssen zusammenarbeiten, wir müssen im Rahmen eines Unionsstaates ein einheitliches Ganzes schaffen – demokratisch, ökonomisch, wissenschaftlich-technisch, kulturell –, wir müssen unsere Leidenschaften bezwingen, doch in keinem Fall dürfen wir die Grenzen antasten. Sonst kommt es zum Separatismus, und die Situation wird kompliziert. Man muß wissen, wo Einhalt zu gebieten ist.

Im Verlauf der Tagung habe ich mich mit Jelzin, Akajew, dem Präsidenten von Kirgistan, Nasarbajew und Jakowlew, einem meiner früheren Berater, getroffen. Wir sprachen über die Vorgänge in Moskau, außerhalb der Hauptstadt, in den Regionen. Es waren unruhige Verhältnisse: Die Menschen waren erregt, sie machten sich Sorgen, wie es mit ihnen, mit dem Land weitergeht, wie überhaupt die Zukunft aussieht. Wir haben unsere Standpunkte ausgetauscht und beschlossen, dem Obersten Sowjet unsere gemeinsame Position vorzutragen. Und diese lautet: Der

Unionsstaat soll als Union Souveräner Staaten erhalten bleiben.

Ich habe den Deputierten versprochen, daß ich alles in meinen Kräften Stehende tun werde, um das Äußerste zu vermeiden – den Zerfall der Union. Unsere Situation erfordert eine Union Souveräner Staaten. Das muß die Grundlage für die Vorbereitung des Unionsvertrages sein, natürlich unter Berücksichtigung der neuesten Erfahrungen. Ich bin für eine erneuerte Union, für die Realisierung des Volkswillens, der im Referendum zum Ausdruck gekommen ist, aber ich bin für den Erhalt der Union, und zwar einer gründlich reformierten. Wenn das nicht geschieht, wenn irgend etwas anderes geschieht, trete ich zurück. Wenn wir die Union zerstören, werden wir nichts erreichen. Ich versicherte den Deputierten, daß es zum Schlimmsten kommen würde.

Von irgendwoher werde ich verdächtigt, ich würde die Völker aufhetzen, aufwiegeln, sie auseinandertreiben, selbst herrschen wollen und ähnliches in dieser Art. Es gab auch solche, die in meiner Person das Bestreben sahen, um jeden Preis das Imperium zu erhalten. All das ist Unfug.

Als ich die Prozesse überdachte, die bei uns ausgelöst wurden durch die Sprachenvielfalt, durch einzelne ungelöste Probleme, durch die Verschiedenheit der Kulturen, durch auf den ersten Blick geringfügige Fragen, die dennoch den Lebensnerv der Menschen treffen, da begriff ich: Sobald wir größere Probleme in Angriff nehmen, tritt der Zerfallsprozeß ein, und es treten solche Kräfte auf den Plan, mit denen wir nicht mehr zurechtkommen werden. Deshalb bin ich felsenfest davon überzeugt: Wir dürfen nicht auseinanderfallen, aber wir müssen die Entscheidungsbefugnisse teilen, die Union reformieren. Mag das Zentrum so aussehen, wie es die Republiken wünschen. Aber wir müssen zusammenbleiben. Nur gemeinsam können wir die Krise meistern, uns wieder erheben. Wir verfügen über alles, wir können uns auf das Potential der Perestroika stützen und schnell den Weg der Umgestaltung beschreiten.

Es gab eine Zeit, da wir etliches aus den Augen verloren, wo wir eine Region aus der Kompetenz der einen in die Kompetenz einer anderen Republik übergaben. Nun, das geschah doch in ein und demselben Staat; was ist das schon für ein Unterschied, könnte man sagen. Es schienen manchmal nur Fragen von lokaler Bedeutung zu sein, und meistens kam alles wieder in Ordnung, schließlich gehören wir doch zusammen! Aber hinter der Fassade von der Politik der »Völkerfreundschaft«, ja, sogar der »Fusion« der Nationen haben sich nicht wenige Probleme angehäuft.

Jetzt haben wir vieles erkannt. Wir akzeptieren ernsthaft, daß einige Republiken den Vertrag nicht unterzeichnen wollen, daß sie den Weg der Trennung beschreiten. Gut, aber alles muß im verfassungsmäßigen Rahmen verlaufen. Bei Austritt aus der Union kann ein ganzer Komplex von Fragen auftauchen: rechtliche, humanitäre, territoriale, militärische, ökonomische usw.

Auf der Tagung des Obersten Sowjets habe ich meine Vorstellungen dazu dargelegt. Ich war und bin auch jetzt der Ansicht, daß die Beziehungen innerhalb einer neuen Union auf Übereinkünften und Verträgen basieren müssen, die Verteidigungs- und Wirtschaftsfragen umfassen, insbesondere Fragen über Bürgerrechte. Es muß ein ganzes System von Übereinkünften geben. Es könnten auch territoriale Fragen auftauchen. Allerdings steht im Entwurf des Unionsvertrages: »Unverletzlichkeit der Grenzen«. Dieses Thema beherrschte alle Sitzungen der letzten drei bis vier Monate, und die Position aller war direkt und eindeutig – die Unverletzlichkeit der Grenzen ist zu fixieren. Das ist um so mehr verständlich, als wir innerhalb der Sowjetunion unsere Grenzen eigentlich nicht so recht kannten: Siebzig Prozent der Grenzen wurden durch dörfliche, städtische und Kreissowjets bestimmt. In einer erneuerten und reformierten Union werden die Republiken selbst neue Unionsorgane bilden, die, mit entsprechenden Vollmachten ausgestattet, die Union bestimmen.

Mein Appell lautet: Der Oberste Sowjet muß nach eingehender Beratung eine klare und eindeutige Position über das Schicksal unserer Union einnehmen; es muß alles so durchdacht sein, daß eine erneuerte, lebensfähige Union entsteht, die den Interessen der Völker jener Republiken dient, die bereit sind, den Unionsvertrag zu unterzeichnen. Dieser Appell wurde von den Abgeordneten aufgenommen.

Ich habe mich an die durch die Wähler Rußlands im Obersten Sowjet vertretenen Mitglieder mit dem Vorschlag gewandt, ihre Autorität und Möglichkeiten für den Zusammenschluß im Rahmen einer neuen Union einzusetzen. Gleichzeitig habe ich den Deputierten der anderen Republiken klargemacht, daß sie dem russischen Volk gegenüber keinerlei Argwohn hegen dürfen. Auch die Russen haben die anderen Völker geachtet und werden es weiterhin tun. Übergangsschwierigkeiten dürfen nicht das verdecken, was die Geschichte – eine jahrhundertelange Geschichte – uns gelehrt hat.

Fast alle Diskussionsteilnehmer vermerkten mit Sorge, daß der Umsturz die Regierbarkeit des Landes weiter geschwächt, das ohnehin gestörte Zusammenwirken der Republiken und Regionen weiter untergraben hat. Das war tatsächlich so. Deshalb habe ich auf der Tagung als ein weiteres wichtiges Ziel unterstrichen, genaue Richtlinien zum Erhalt und zur Festigung der Regierbarkeit aufzustellen.

Wir müssen schnellstens alle Fragen klären, die uns das Leben stellt. Wir müssen die Fragen lösen, nicht zuschütten. Wir müssen die Führungsstrukturen erneuern, Leute an die Spitze bringen, denen wir vertrauen und hinter denen das Land steht. Eine Umgruppierung politischer Kräfte ist vonnöten, die Schaffung von Unionsorganen für die Übergangsperiode, und dann, schon in den nächsten Monaten, die Durchführung freier Wahlen und die Formierung neuer Strukturen.

Warum stelle ich das Problem der Regierbarkeit so scharf in den Mittelpunkt? Regierbarkeit – das bedeutet Nahrungsmittel; Regierbarkeit – das bedeutet Heizstoffe; Regierbarkeit – das bedeutet Arbeit; Regierbarkeit – das bedeutet Fortführung der Reformen.

Es ist mir ein Bedürfnis, meine tiefste Befriedigung darüber auszudrücken, daß auf der Tagung kein Wunsch nach politischer Revanche, nach Verfolgung der Menschen wegen ihrer Überzeugung, nach Entzug ihres Arbeitsplatzes und des Persönlichkeitsschutzes laut wurde. Die Deputierten waren sich einig: Gesetzmäßigkeit und Rechtsordnung müssen sein. Dann werden wir uns behaupten. Ich habe die Juristen unter den Deputierten unterstützt, die den Obersten Sowjet aufforderten, klare Grenzen für die Durchführung der Ermittlungen und das Gericht abzustekken, auch was die politischen Bewertungen und die organisatorischen Konsequenzen betrifft. Ich habe ebenfalls den Vorschlag für die Schaffung einer parlamentarischen Kommission unterstützt, die diesen Prozeß begleiten soll.

Auf der Tagung haben mich viele Deputierte scharf und durchaus berechtigt kritisiert. Das war bitter für mich, aber notwendig. Und ich sah es als meine Pflicht an, wieder und wieder zu erklären, daß mich die Ereignisse auch zutiefst betroffen gemacht hätten. Ich fühle mich vor allen Deputierten verantwortlich, daß ich als Präsident nicht alles Menschenmögliche unternommen habe, um den Augustputsch abzuwenden. Damals wie heute will ich meine Verantwortung nicht geringer machen, nicht bemänteln, ich will mich nicht vor ihr drücken. In jenen Tagen habe ich mehr als einmal offen und ausführlich über mein Verhältnis zu den Vorfällen, über die Bewertung der Gründe gesprochen.

Dennoch muß ich darauf hinweisen: Der Putsch ist sowohl in seinen inneren als auch äußeren Plänen gescheitert. Und das konnte nicht ohne die großen Veränderungen geschehen, die im Land selbst und auch in den internationalen Beziehungen vor sich gegangen waren. Und daran habe ich durchaus auch meinen Anteil...

Deshalb habe ich während des Fernsehinterviews am 1. September abends, am Vorabend der Eröffnung des außerordentlichen Volksdeputiertenkongresses, kategorisch erklärt:

»Ich werde jetzt nicht zurücktreten. Das wäre unmoralisch, selbst wenn ich keine anderen Aspekte in Erwägung ziehen würde. In dieser komplizierten Etappe, wo die Entscheidungen getroffen werden, ob wir den 1985 begonnenen Kurs beibehalten werden, in diesem Moment erlaube ich mir nicht zu gehen – weder als Mensch noch als Bürger. Und deshalb werde ich meinen Rücktritt nicht einreichen. Soll der Kongreß diese Frage entscheiden. Dem Kongreß gegenüber werde ich die geeigneten Worte finden.«

Der Kongreß der Volksdeputierten

Die Ereignisse haben sich sehr schnell entwickelt. Wir kommen nicht einmal richtig zum Nachdenken. Man kann sagen, daß wir in einem Tag ein Jahrzehnt durchleben. Das trifft auch auf die Entwicklung in den Republiken zu. Es gab, das wiederhole ich, Nuancen in ihrer Position, doch das »Komitee« hat sie nicht in seine Intrige hineinziehen können. Dennoch haben sich zusammen mit dem Putsch zentrifugale Tendenzen aufgetan. Der eine oder der andere hat es für nötig befunden, die Verbindung zur Union abzubrechen, um einer ähnlichen Wende im Zentrum die Stirn zu bieten.

Doch gleich darauf wurde – als Antwort auf den drohenden chaotischen Zerfall – eine andere Tendenz offensichtlich: die Desintegration aufzuhalten. Wir mußten gewaltige Anstrengungen unternehmen und entschlossen handeln.

Ungeachtet des vielfältigen Meinungsspektrums ist jetzt aber die Tendenz in Richtung Union augenscheinlich, die Tendenz, einen einheitlichen ökonomischen Markt zu bewahren.

Charakteristisch dabei ist, daß die auf den Sitzungen der Obersten Sowjets geäußerten Erklärungen nicht immer die Stimmung der gesamten Bevölkerung widerspiegelten. In diesen unruhigen Tagen hat die Mehrheit der Menschen in den Republiken äußerst sensibel auf den drohenden Zerfall der Union reagiert. Und im Unterschied zu den Nationalisten und Anarchisten sieht die Mehrheit in der Erlangung der Unabhängigkeit die Basis für eine neue Union tatsächlich souveräner und unabhängiger Staaten. Die Menschen verschiedener Nationalität haben in dieser für unseren Vielvölkerstaat gefährlichen Stunde erkannt, daß man zusammengehen muß. Das war von entscheidender Bedeutung für die Positionsbestimmung der Republiken am Vorabend des außerordentlichen Volksdeputiertenkongresses.

Die gemeinsame Erklärung des Präsidenten der UdSSR und der Führer der Republiken, »Zehn bzw. elf plus eins«, wurde buchstäblich an einem Tag vorbereitet, ja, ich würde sagen, in der Nacht vor Kongreßbeginn. Wir haben bis zum letzten Moment daran gearbeitet. Nasarbajew hat den Text, in dem die letzten Korrekturen von Hand vorgenommen waren, auf dem Kongreß verlesen. An dieser Arbeit haben sich nicht nur neun Republiken und der Präsident beteiligt, sondern auch Armenien und Georgien.

Wir wollten mit dieser Erklärung der Öffentlichkeit Vorschläge zu den brennendsten Problemen unterbreiten, denn wir meinten, der Kongreß dürfe nicht zu einer parlamentarischen Schwatzbude verkommen. Das Land wartet auf Entscheidungen. Deshalb haben wir diesen ungewöhnlichen Weg beschritten und sind mit einer Erklärung angetreten. Und dann haben wir den Deputierten gesagt: Jetzt denkt darüber nach, bedenkt die Zukunft.

Das rief anfangs Unzufriedenheit hervor. Aber wir wollten schnellstens aus der unmittelbaren Putschsituation heraus, und wir wollten nicht herumschwadronieren. Der

Kongreß bot die Chance, seine Verantwortung für das Schicksal des Landes aufzuzeigen. Hätte er unseren Vorschlag nicht akzeptiert, hätte er dem ganzen Volk bewiesen, daß er keine Lebensberechtigung hat.

Die Erklärung sah den unverzüglichen Abschluß des Vertrages über eine Union Souveräner Staaten vor.

Wir haben darin die prinzipiellen Thesen für den neuen Unionsvertrag mit all seinen Attributen fixiert. Es geht um einen einheitlichen ökonomischen Raum, um vereinte militärische Kräfte und um eine Armeereform, um die Bestätigung aller internationalen Verpflichtungen, um die Deklaration von Freiheit und Menschenrechten.

Der Kongreß, der in einer Atmosphäre des öffentlichen Schocks vor sich ging und diese Atmosphäre auch reflektierte, erfüllte dennoch seine Mission. Nach scharfen Diskussionen wurde im wesentlichen Einvernehmen erzielt.

Es gab einen Moment, wo eine Pattsituation entstand. Von meiner Seite wurde die direkte Bedingung gestellt: Der Kongreß hat seine Möglichkeiten erschöpft, und wenn es so ist, muß man nach anderen Mechanismen für die Entscheidungen suchen, die das Volk erwartet. Die Menschen haben keine Geduld mehr zu warten.

Letztlich hat der Kongreß jedoch wichtige Entscheidungen getroffen. Aber der Weg dorthin war kompliziert. Tagtäglich änderte sich die Atmosphäre des Kongresses. Ich würde sagen: In den drei Tagen hat sich alles verändert, ein neues Leben, eine neue Epoche hat begonnen.

In diesen Wochen hat das Volk über sein Schicksal entschieden – nicht nur in den Parlamenten, in öffentlichen Meinungsäußerungen in Versammlungen, sondern leider auch auf den Barrikaden. Es hat sich eine Tragödie abgespielt, Blut ist geflossen. Für alle war das eine harte Lehre. Alle sehen die Dramatik der Situation, in der sich das Land nach dem verfassungswidrigen Umsturz befand, der sich genau einen Tag vor der Unterzeichnung des Vertrages über die Union Souveräner Staaten ereignete. Dieser Vertrag eröffnete Möglichkeiten zur Einheit und Zusammenarbeit.

Zeit ging verloren für die Lösung lebensnotwendiger wirtschaftlicher Probleme. Die soziale Lage im Land ist bis zum äußersten angespannt. Doch gleichzeitig haben die Ereignisse eines sehr deutlich gemacht: Das, was wir seit 1985 vollbracht haben, hat neue Realitäten im Land geschaffen und die Voraussetzungen dafür erbracht, daß die Verschwörung scheitern mußte.

Auf eine entsprechende Frage, die mir auf dem Kongreß gestellt wurde, habe ich geantwortet: Vor Ihnen steht noch ein und derselbe Gorbatschow, wenn es um die Treue zu dem Kurs der revolutionären, tiefgreifenden Veränderungen in allen Sphären unserer Gesellschaft geht. Aber in gleichem Maße, wie er zu seiner gewählten Entscheidung des Jahres 1985 steht, hat sich Gorbatschow verändert, er hat seine persönlichen Fehlschläge – in der Taktik und in der Methode des Vorgehens – begriffen und verinnerlicht.

Einer meiner Fehler war: Ich habe nicht rechtzeitig erkannt, daß wir uns schnellstens von den Strukturen des uns beherrschenden totalitären Systems befreien mußten. Ich habe nicht rechtzeitig und in vollem Umfang meine Autorität dafür eingesetzt, neue demokratische Kräfte zu sammeln, die die Verantwortung für die Durchführung des Perestroika-Kurses voll und ganz auf ihre Schultern nehmen konnten.

Jetzt sind die Menschen aufs äußerste gespannt. Sie wollen bis ins Detail begreifen, was da vor sich gegangen ist. Wo ist der Ursprung der Ereignisse? Was muß getan werden, damit sich so etwas nie wiederholt? Wie kommen wir aus dieser Situation heraus, und wo sind die Strukturen, wo die Menschen, die in dieser schweren Zeit die Verantwortung auf sich nehmen? Das sind die Fragen, die die Menschen jetzt quälen. Und sie diktierten auch die dringliche Einberufung des Kongresses der Volksdeputierten, ebenso wie sie die Erklärung des Präsidenten und der höchsten Führer der Unionsrepubliken bestimmten.

Bei aller Meinungsvielfalt haben sich die Volksdeputierten mit großer Verantwortung der Situation gestellt und die Erklärung prinzipiell unterstützt. Das verdient meine Hochachtung.

Allerdings kann ich nicht jene Anwürfe gutheißen, die die Erklärung als der Verfassung und den Landesgesetzen zuwiderlaufend einordneten, mehr noch, sie als einen neuerlichen Umsturz bezeichneten. Meine Antwort war eindeutig: Unser Vorgehen zur Verteidigung der Demokratie und zur Sicherung unumgänglicher Maßnahmen für die Rettung des Landes als »finsteres«, gegen das Volk gerichtetes Ansinnen darzustellen und die gesetzlich gewählten Vertreter, hinter denen Millionen Wähler und die republikanischen Parlamente stehen, als Usurpatoren hinzustellen – das ist unannehmbar und muß entschieden zurückgewiesen werden.

Wie unsinnig dieser Vorwurf ist, beweist die Tatsache, daß der Präsident und die Führer der Republiken mit ihrer Erklärung nicht sonstwo aufgetreten sind, sondern auf dem Kongreß, dem höchsten Organ der Staatsmacht, dem Verfassungsorgan. Sie haben sich an den Kongreß mit seiner verfassungsmäßigen Kompetenz gewandt. Und das sollen Verschwörer sein?

Interessanterweise sind die äußerst Linken und die äußerst Rechten zur Kritik an der Erklärung angetreten. Das zu beobachten war schon sehr merkwürdig. Letztlich aber war der Kongreß seiner Aufgabe gewachsen – es gelang, die Tür zur Zukunft aufzustoßen; damit nahm die komplizierte Übergangsperiode ihren Anfang.

Es ist nur natürlich, daß es Kritik an den Beschlüssen gibt; so haben die Juristen Vorbehalte zur Textgenauigkeit angemeldet, aber das ist im Moment nicht das Wesentliche.

Wir leben in einer Zeit, da man unkonventionelle Schritte und Lösungen unternehmen muß. Prinzipiell richtig ist, daß sich die Führer von elf Republiken – zehn haben die Erklärung unterzeichnet, elf sie ausgearbeitet – in einer Situation zusammengefunden haben, da der Putsch das Land an den Rand des Zerfalls gebracht hat, um übereinstimmende Positionen zu den Grundfragen des gesellschaftlichen Lebens auszuarbeiten. Und sie haben Unterstützung durch den Kongreß erfahren.

Mir und den Führern der Republiken war klar, daß die Regierbarkeit des Landes nur durch ein kompetentes Organ wiederhergestellt werden kann, das befähigt ist, sowohl Beschlüsse zu fassen als auch ihre Durchführung auf dem gesamten Territorium zu garantieren. Deshalb haben wir dem Kongreß vorgeschlagen, für die Übergangszeit einen Staatsrat zu schaffen, dem die wichtigsten Amtspersonen der Republiken angehören.

Zur Bildung eines Vertreterrates – einer Art gesetzgebender Versammlung für die Übergangsperiode – gab es auf dem Kongreß heftige Diskussionen. Darunter waren durchaus ernstzunehmende Einwände und gute Vorschläge. Wir, die Autoren der Erklärung, haben sie sehr verantwortungsvoll geprüft und sind zu dem Schluß gekommen, daß unsere Idee nicht durch einen Vertreterrat realisiert werden kann, sondern vielmehr durch den Obersten Sowjet, und zwar nach der Formel, die im Entwurf des neuen Unionsvertrages fixiert wurde: Dort sind zwei Kammern vorgesehen, darunter ein Sowjet der Republiken, wobei auch die Interessen der ehemaligen Autonomen berücksichtigt werden. Zudem sei angemerkt, daß in der obersten Kammer, dem Sowjet der Republiken, jede Republik über eine Stimme verfügt.

Ich habe diese unsere Meinung den Deputierten vorgetragen und unterstrichen, daß auf dieser Basis ein Organ gebildet werden kann, das mit dem Staatsrat effektiv zusammenarbeiten könnte. Mit anderen Worten ausgedrückt: Somit würden wir nicht den Rahmen des Nowo-Ogarewo-Prozesses verlassen und erhielten gleichzeitig ein dem Wesen nach qualitativ anderes Parlament, das den Erfordernissen der Übergangsperiode entspricht.

Jetzt kommt es darauf an zu handeln. Der russische Premier Iwan Silajew äußerte sich ganz richtig auf dem Kongreß; es stehen unaufschiebbare Fragen an: die Versorgung, die Vorbereitung des Winters, die Stabilisierung der Gesetzlichkeit, die Finanzsituation. All das erfordert ein gemeinsames Handeln. Und es gibt Voraussetzungen, die Situation in den Griff zu kriegen und einen Schritt nach vorn zu tun.

Wenn wir das Kräftespiel in diesen neuen Formen in die Wege leiten, die neuen Strukturen erschließen und neue Leute einbeziehen, dann wird uns auch der Westen unterstützen. Dort schaut man jetzt sehr genau darauf, mit wem man es zu tun bekommt. Deshalb müssen all diese Fragen ohne Verzögerung angegangen werden – auch für die inneren Prozesse und für die Zusammenarbeit mit dem Ausland (und die benötigen wir dringend).

Auf dem Kongreß habe ich zum wiederholten Mal unterstrichen, wie dringlich eine klare Definierung unseres Staatswesens ist. Klären wir diese Frage nicht, klären wir auch keine anderen Probleme, weder die wirtschaftlichen noch die politischen, sozialen, wissenschaftlichen, zwischennationalen usw. Davon bin ich fest überzeugt. In dem Referendum haben die Menschen ihren Wunsch zum Ausdruck gebracht, die Union zu erhalten und zu erneuern. Im Verlauf des Nowo-Ogarewo-Prozesses haben wir uns auf die Formel »Union Souveräner Staaten« geeinigt; jetzt müssen wir ihr einen neuen Sinn geben.

Nun gut, sagte ich, soll es eine Union von Freiwilligen sein, damit sie den Interessen aller entspricht. Möglich wären föderative Bindungen in den einen Fragen, konföderative in anderen, assoziative in wieder anderen. Die Formel »Union Souveräner Staaten« erlaubt allen die Teilnahme. Wenn wir das schaffen, wenn der Kongreß diese Vorschläge unterstützt, die in der Erklärung ausgedrückt sind, dann erfüllt er seine Rolle in diesem historisch wichtigen Moment.

In gewisser Weise war es das Äußerste, die Wende. Die überwiegende Mehrheit der Deputierten stimmte im wesentlichen den Positionen des Präsidenten und der Republikführer zu. Das Ergebnis des Kongresses war ein Paket von Entscheidungen, die das Dasein des Staates in der Übergangsperiode regulieren. Sie bilden die Grundlage für die Stabilisierung, dafür, die Dinge in geregelte Bahnen zu lenken. Die Union und die Republiken sind übereingekommen, die Zusammenarbeit auf neuem Niveau zu gestalten, zusammen und gemeinschaftlich.

Im Schlußwort zum Kongreß habe ich mich befriedigt über die vollbrachte Arbeit geäußert. Obwohl es, ehrlich gesagt, Minuten gab, in denen ich nicht mehr an ein vernünftiges Ende glaubte.

Im politischen Leben kommen nicht sehr häufig Tage und Wochen vor, die man im wahrsten Sinne des Wortes als historisch bezeichnen kann. Unser Land hat einen solchen Moment durchlebt. Ab diesem Moment beginnt eine neue Epoche in seiner tausendjährigen Entwicklung.

Ich bin fest davon überzeugt, daß die internationale Gemeinschaft es in Zukunft mit der »Union Souveräner Staaten« zu tun haben wird. Mit einem Land, in dem freie demokratische Staaten, Republiken, Dutzende von Nationen, Völkerschaften und ethnische Gruppen in Freiheit und Gleichberechtigung zusammenleben. Mit einem Land, in dem die unterschiedlichsten Kulturen und fast alle bekannten Religionen, die ein unvergleichliches kulturelles und geistiges Gebilde darstellen, freundschaftlich koexistieren. Die große eurasische Demokratie wird eines der Bollwerke einer neuen Welt sein, ihrer Sicherheit, der Annäherung zwischen den Kontinenten beim Aufbau einer gerechteren Weltordnung. Dank dieser nun entsklavten und eigenständigen, souveränen Republiken wird das gemeinsame außenpolitische Potential der neuen Union anwachsen. Natürlich liegt das alles noch vor uns. Aber um dieses Ziel zu erreichen, werden wir hartnäckig und konsequent daran arbeiten.

Die vom Kongreß angenommene Deklaration über die Menschenrechte und die Dokumente, die Rahmen und Inhalt der Übergangsperiode und die Prinzipien der neuzubildenden Union abstecken, gehen davon aus, daß die höchsten Werte unserer Gesellschaft Freiheit, Ehre und Würde des Menschen sind. Das ist das ethische und – was ich besonders unterstreichen möchte – rechtliche Fundament unserer Union.

Das, was der Kongreß dem Land gebracht hat, widerspricht keineswegs der Generallinie der Perestroika und ist daher auch nichts Außergewöhnliches. Im Gegenteil, damit wurde das große Potential an gesellschaftlicher, ökonomischer und nationaler Evolution freigelegt, das sich im Verlauf der Perestroika angehäuft hat und ihrer Idee zugrunde liegt.

In prinzipieller Hinsicht entspricht all das, was nun bei uns vor sich geht, meinen Absichten und meiner tiefsten Überzeugung.

Nur eine, wenn auch höchst wichtige Frage blieb offen, deren Lösung übrigens vom Ergebnis des Kongresses bestimmt war. Ich meine das Problem der baltischen Republiken – Litauen, Estland, Lettland –, die den neuen Unionsvertrag nicht unterzeichnen wollten und ihren Austritt aus der Union erklärten.

Einen Tag nach dem Kongreß wurde dieses Problem auf der ersten Sitzung des Staatsrates behandelt. Unter Berücksichtigung der konkreten historischen und politischen Umstände, die dem Beitritt Litauens, Lettlands und Estlands zur UdSSR vorangingen, hat der Staatsrat ihre Unabhängigkeit anerkannt und die bevollmächtigte staatliche Delegation beauftragt, Verhandlungen zu führen und den gesamten Komplex der Probleme zu lösen, die mit der Sicherung der Bürgerrechte und mit den ökonomischen, politischen, militärischen, humanitären und den Grenzfragen zusammenhängen.

Vom politischen und praktischen Gesichtspunkt aus gesehen war schon früher klar, daß es zum Austritt der drei Republiken aus der Union kommt. Die Ereignisse haben diesen Entschluß beschleunigt.

An dieser Stelle muß ich sagen, daß ich mit Telegrammen aus dem Baltikum buchstäblich überhäuft worden bin. Immerhin sind von sieben Millionen Einwohnern zweieinhalb Millionen keine Einheimischen. Wenn dort allerdings extremistische Stimmungen die Oberhand gewinnen – und es gibt Anzeichen dafür –, wenn man diese Menschen verdrängen oder unterdrücken sollte, würde das die Situation verschärfen. Man diskutiert über Gesetze zur Staatsbürgerschaft, und man hört Äußerungen über eine Einteilung der Bürger in verschiedene Klassen. Das ist gefährlich und würde das Land in Aufruhr versetzen.

Nach der Entscheidung des Staatsrates habe ich mit Rujtel und Gorbunow, den Parlamentspräsidenten von Estland und Lettland, gesprochen und ihnen nahegelegt, dieses Problem mit besonderer Aufmerksamkeit zu behandeln. Doch scheint mir, daß man in letzter Zeit im Baltikum die Situation und die eigene Verantwortung besser erkannt hat. Denn schließlich wollen wir auch in Zukunft gut miteinander auskommen.

Bis Anfang 1992 wollen wir keine Veränderungen in unserer Zusammenarbeit, in den wirtschaftlichen und insbesondere in den finanziellen Beziehungen herbeiführen. Wie auch andere sind Estland, Lettland und Litauen daran interessiert, die ökonomischen Ressourcen aus anderen Teilen der Union zu nutzen. Die übrigen Regionen der Union sind im Gegenzug am Baltikum interessiert. Nicht ohne Grund haben die Balten in der Kommission von Jawlinski mitgewirkt, die den Wirtschaftsvertrag vorbereitet hat. Unsere weiteren Beziehungen werden auf seiner Grundlage aufbauen und auf der Basis von Vereinbarungen zu konkreten Fragen wie beispielsweise der Nutzung der Häfen, der Telekommunikation, der Truppenstationierung, des Energieverbundnetzes usw.

Ich bin überzeugt, daß wir das alles im Rahmen von Verhandlungen schaffen werden. Wir erhoffen uns von den baltischen Regierungen ein konstruktives Zusammengehen. Um so mehr, da Lettland, Litauen und Estland nun eigenständige Teilnehmer der KSZE und Mitglieder der UNO sind. Es ist klar, daß jetzt auch die Verantwortung der anderen, besonders der europäischen Staaten, dafür wachsen muß, wie sich diese Länder im friedlichen Miteinander einrichten und wie insbesondere das Schicksal der Minderheiten in ihnen aussehen wird. Abweichungen von den Kriterien der Pariser Charta könnten eine schmerzhafte Reaktion hervorrufen – nicht nur in diesen Ländern selbst, sondern auch in Rußland, in der gesamten Union.

Im Rahmen des europäischen Prozesses werden natürlich Mechanismen wirksam, die die Rechte aller Bürger garantieren. Aber es gibt auch Dinge von vorrangiger Bedeutung, wie vor allem die Unverletzlichkeit der Grenzen. Wir müssen den Weg der Öffnung, der Transparenz der Grenzen beschreiten, dürfen die Grenzen allerdings nicht antasten. Das könnte die schlimmsten Folgen haben.

Wir werden mit den baltischen Staaten zusammenarbeiten. Wir sind für äußerste Konstruktivität: Schließlich leben auf jener Seite der Grenze Menschen, mit denen wir jahrhundertelang in Verbindung standen. Wir wollen maximale Erleichterungen für Kontakte, Reisen, Austausch erreichen. Wichtig ist, daß alles in zivilisierten Bahnen verläuft, in nachbarschaftlicher Achtung. Ich hege die Hoffnung, daß wir mit diesen Staaten gut zurechtkommen werden.

Die Konturen der neuen Union

Der Kongreß ist zu Ende, aber die Arbeit, deren Ziel es ist, aus den Republiken der bisherigen UdSSR eine prinzipiell neue Union souveräner Republiken entstehen zu lassen, beginnt erst. Wieder folgen Diskussionen und Widerstreit unterschiedlicher Standpunkte. Im wesentlichen streiten sich die Anhänger der Föderation, der Konföderation und der Assoziation. Anfangs war es schwer, den Beteiligten an diesem Streit etwas sie Verbindendes auch nur vorzuschlagen. Und wieder habe ich die Formel vorgeschlagen: Bildung einer Union Souveräner Staaten, da ich der Ansicht bin, nur sie bringt es fertig, das Gleichgewicht der zentrifugalen und der zentripetalen Kräfte herzustellen. Es geht um einen neuen Staatenbund.

Eine solche Union, meine ich, gewährleistet die Zusammenarbeit aller ihrer Mitglieder im Interesse ihrer Völker. Die unterschiedlichsten Arten von Beziehungen sind möglich. Die Formel »Union Souveräner Staaten« schafft die Voraussetzungen, alle Fragen unter Berücksichtigung der Meinung jedes Volkes in den Republiken zu entscheiden. Darüber hinaus ermöglicht sie es, die optimale Variante für eine Verknüpfung der Souveränität der einzelnen Teile mit der des Ganzen zu finden.

Zweifellos muß sich die neue Union gründen auf die Prinzipien der Unabhängigkeit und territorialen Geschlossenheit ihrer selbst und der sie bildenden Staaten. Sie muß das Recht beinhalten, der Union beizutreten und aus ihr auszutreten.

Auf diese Weise wird der künftige Unionsvertrag die konkreten Umrisse des neuen großen Staatsgefüges bestimmen. Dabei geht es nicht einfach um eine Fortsetzung des Nowo-Ogarewo-Prozesses. Bei der Ausarbeitung des Vertrages werden die neuen Realitäten berücksichtigt, die sich im Zusammenhang mit den Ereignissen vom 18. bis 21. August so deutlich abzeichneten und offenbarten. Dazu gehört auch die von Anfang September an schnell um sich greifende Einsicht, daß der Weg in die Unabhängigkeit kein Vorwand für einen chaotischen Abbruch historischer Beziehungen ist, sondern die neue Grundlage für die Schaffung einer starken Union wirklich souveräner, unabhängiger Staaten.

Besonders groß und verantwortungsvoll ist die Rolle Rußlands. Am 10. September habe ich mich mit Boris Jelzin getroffen und mit ihm über Probleme gesprochen, die mit der baldigen Ausarbeitung einer Neufassung des Entwurfs zum Unionsvertrag in Zusammenhang stehen. Am 16. September war dann die künftige Union Gegenstand einer lebhaften Aussprache zwischen den Mitgliedern des Staatsrates. Acht Republiken haben danach positiv entschieden (die Russische Sozialistische Föderative Sowjetrepublik, Bjelarus, Usbekistan, Kasachstan, Turkmenistan, Aserbeidschan, Tadschikistan und Kirgistan).

Kompliziert ist die Situation zur Zeit in der Ukraine. Ich bin ein überzeugter Anhänger der Erhaltung und des Fortbestehens der Ukraine in den gewachsenen Grenzen. Ich kann mir nicht vorstellen, daß es zur Abspaltung der Ukraine kommen könnte. Mehr noch, ich sehe ihre unersetzbare Rolle bei der Bildung der neuen Union. Ich bin überzeugt, die Formel für die Union – Union Souveräner Staaten – bietet Gelegenheit, sich über alles zu einigen.

Eine wichtige Komponente für den Zusammenhalt der Union werden die einheitlichen Streitkräfte sein, eine wirksame zentralisierte Kontrolle des Kernwaffenpotentials und eine gemeinsame Verteidigungspolitik. Sie bieten die Garantie für die zuverlässige Sicherheit aller Republiken und der Union als Ganzem. Gleichzeitig entspricht das den fundamentalen Prinzipien der gegenwärtigen internationalen Politik.

Die Führer der meisten Republiken haben sich im Prinzip über die Notwendigkeit nicht nur eines einheitlichen strategischen Waffenpotentials, sondern auch gemeinsamer bewaffneter Streiträfte überhaupt geeinigt. Was die Kontrolle über die Kernwaffen angeht, so braucht sich in dieser Hinsicht niemand Sorgen zu machen. Das Zentrum und der Unionspräsident als oberster Befehlshaber bleiben bestehen.

Selbstverständlich wird eine tiefgreifende Reform der Armee gebraucht. Der Verteidigungsminister wird ein Zivilist sein, der Führer des gemeinsamen Stabes oder des Generalstabes wird aus dem Militär kommen. Es wird strukturelle Veränderungen geben, in Absprache mit den Republiken werden wir auch die Stärke der Armee reduzieren. Unter Berücksichtigung der Dislozierung der Truppenteile und Einheiten wird ein Mechanismus zum gegenseitigen Verstehen und zur Zusammenarbeit mit den Republiken nötig sein. Konsultationen dazu sind schon im Gange.

Der zweite Pfeiler, auf den sich unsere Union stützen wird, ist der Wirtschaftsvertrag. Am 16. September haben wir über seinen Entwurf im Staatsrat gesprochen.

Der Wirtschaftsvertrag ist das, was wir am dringendsten benötigen, er wird auch die Arbeit am Unionsvertrag voranbringen. Im Wirtschaftsvertrag wird die Zustimmung der Republiken zur Beibehaltung eines einheitlichen Marktes festgeschrieben, werden die Normen und Mechanismen für das Funktionieren eines einheitlichen ökonomischen Territoriums bestimmt, und das wird es ermöglichen, die Wirtschaft schnell aus der Krise herauszuführen. Die Arbeit an diesem Vertrag befindet sich in ihrer Endphase, an ihr nehmen bevollmächtigte Delegationen der Republiken teil.

Die Sache sieht folgendermaßen aus. In den Republiken gibt es den Wunsch nach dem Abschluß eines Wirtschaftsvertrages. Das ist verständlich. Nicht einmal Rußland kann auf Zusammenarbeit verzichten, geschweige denn die kleinen Republiken. Die ökonomische Struktur an sich, die gemeinsame Rohstoffbasis, eine einheitliche Wissenschaft, die Ökologie, die Energiesysteme, die vielfältigen Wirtschaftsverbindungen – das alles verlangt notwendigerweise nach einer Zusammenarbeit.

In den nächsten Monaten bereits werden wir gewaltige Schritte hin zur Stabilisierung der Finanzen gehen müssen, hin zur Schaffung der Bedingungen für private Unternehmensgründungen, zur Privatisierung und zur Entstaatlichung. Darüber hinaus müssen natürlich Prinzipien einer gemeinsamen Politik auf den Gebieten der Steuern, des Bankenwesens, der sozialen Fragen und dergleichen mehr erarbeitet werden.

Einige Republiken denken an eine eigene Währung. Sie gehen davon aus, daß diese sie vor negativen ökonomischen Entwicklungen bewahren und ihren eigenen innerrepublikanischen Markt schützen würde. Unsere Wirtschaftswissenschaftler meinen, die Einführung verschiedener nationaler Währungen dürfte keine ernsthaften Probleme hervorrufen, dies um so mehr, als die freie Konvertierbarkeit des Rubels zu einem Abflauen der diesbezüglichen Spekulationen führen würde. Viele ausländische Wirtschafts- und Finanzorganisationen warnen jedoch vor solchen Schritten, die imstande seien, ein Funktionieren des Marktes ernsthaft zu erschweren. Auf jeden Fall, meine ich, wird der Rubel eine führende Rolle spielen, wenn man die Rolle einer Republik wie Rußland und die von ihr gesetzten Maßstäbe in Betracht zieht.

Jetzt muß man sich auf parallelen Bahnen bewegen – Schaffung des neuen Unionsvertrages und des neuen Wirtschaftsbündnisses auf Prinzipien, die der Hinwendung zum freien Markt dienlich sind. In letzter Zeit hat sich die

Einstellung des Volkes zu diesen Fragen zum Besseren gewendet. Das ist von ausnehmend wichtiger Bedeutung.

Eine dritte Aufgabe auf dem Weg zur Gründung einer neuen Union ist die Bildung von übergreifenden Machtstrukturen, die den veränderten Bedingungen Rechnung tragen. Hier sind schon Fortschritte zu verzeichnen, und es bietet sich eine Möglichkeit, die allgemeine Krise zu überwinden. Wir genießen jetzt einen größeren Vertrauenskredit als vor dem Putsch.

Nach Annahme der Erklärung »Zehn bzw. elf plus eins« wurden konkrete Schritte unternommen. Die Regierung haben wir aufgelöst, aber neben dem Ministerium für Auswärtige Angelegenheiten das MDI, das Verteidigungsministerium und den KGB als Gesamtunionsstrukturen beibehalten.

Danach wurde das Unionsministerium für Kultur in erneuerter Form wiedergeschaffen. Ich habe mit leitenden Mitarbeitern der Volksbildungsministerien der Republiken gesprochen. Sie alle haben mir eindringlich zu verstehen gegeben, wie nötig es sei, die Tätigkeit der einzelnen Republiken im Rahmen eines einheitlichen Unionsbildungsraumes zu koordinieren. Ich erhielt einen Brief von den Landwirtschaftsministern praktisch aller Republiken mit dem Vorschlag, in bezug auf Agrarfragen Unionsstrukturen zu schaffen. Die Leiter der Eisenbahnen des Landes bestehen auf der Beibehaltung ihres Unionsministeriums. Ebensolche Forderungen werden laut hinsichtlich der Ökologie und der wissenschaftlich-technischen Zusammenarbeit. Auch die Akademie der Wissenschaften äußerte sich entschieden für die Beibehaltung der gemeinsamen Strukturen in den Grundfragen.

Während der Übergangsperiode müssen die auf der Basis der Beschlüsse vom Volksdeputiertenkongreß der UdSSR geschaffenen Strukturen wirksam sein. Und sie funktionieren bereits. Ich denke da in erster Linie an den Staatsrat. Er wird regelmäßig zusammenkommen, wenigstens zweimal im Monat. Dabei werden prinzipielle politische und ökonomische Beschlüsse gefaßt. Diese Beschlüsse sind für die Verwirklichung auf dem Territorium der beteiligten Republiken bindend und können wirkungsvoll kontrolliert werden.

Das interrepublikanische Wirtschaftskomitee, bestehend aus bevollmächtigten Vertretern der ehemaligen Unionsrepubliken, ist das Organ, das die Verwirklichung des Wirtschaftsvertrages gewährleistet. Hier werden die Fäden zur Regulierung der Wirtschaft und zur Verwirklichung der ökonomischen Programme zusammenlaufen.

Es ist geplant, entsprechende Strukturen auch für die Reformen zu schaffen, ebenso – und zwar auf kommerzieller oder auf vertraglicher Grundlage – ein besonderes Organ für die Verbindungen mit ausländischen Investoren. Auf diese Weise wird es unseren Betrieben leichter gemacht, mit ausländischen Partnern Kontakt aufzunehmen.

Der Staatsrat und das interrepublikanische Wirtschaftskomitee sind Mechanismen zur Abstimmung von Grundpositionen. Sind diese koordiniert, können die Republiken mit konkreten Zielstellungen und Plänen selbständig handeln.

Wir beabsichtigen, nach der Unterzeichnung des Unionsvertrages den Bereich der gemeinsamen Führungsprobleme abzustimmen. Auf paritätischer Grundlage werden entsprechende Kommissionen für Energie, Transport, Nachrichtenwesen und andere Fragen eingerichtet.

Das wären im allgemeinen die Konturen der neuen Union. Sie zu errichten wird nicht einfach sein.

In der Entwicklung unseres Vielvölkerstaates beginnen wir eine neue Etappe.

Wir und die Welt

In den ersten Tagen nach dem mißglückten Putsch fanden wir uns vor die Frage gestellt, ob wir die für September anberaumte Moskauer Konferenz über die menschliche Dimension des Prozesses von Helsinki abhalten oder verschieben sollten. Damals gab es noch viele Unklarheiten. Wir bereiteten uns auf den Kongreß der Volksdeputierten der UdSSR vor und räumten die vom Putsch verursachten Hindernisse aus dem Weg.

Wir sahen jedoch ein, wie aktuell das Thema Menschenrechte war, hatte der Putsch sie doch erneut in Frage gestellt. Wer gegen die Verschwörer angetreten war, hatte nämlich im Grunde genommen die Menschenrechte und die Freiheit verteidigt, die wir in den Jahren der Perestroika mit so viel Mühe erkämpft hatten.

Wir berieten uns mit den Botschaften der KSZE-Staaten. Sie wiederum mit ihren Regierungen. Wir erhielten von ihnen höflichen, aber bestimmten Bescheid – sowohl die Europäer als auch die Amerikaner und die Kanadier waren für die Konferenz. Sie gaben uns deutlich zu verstehen, daß sie darin ihre Solidarität mit der siegreichen Demokratie sähen.

Fristgemäß am 10. September begann die Konferenz in festlicher und sehr freundschaftlicher Atmosphäre. Jetzt wurde deutlich, wie grundlegend sich der gesamte Charakter der internationalen Beziehungen gewandelt hatte.

Schon zu Beginn der Perestroika hatten wir vorgeschlagen, eine solche Konferenz in Moskau durchzuführen. Wir waren davon ausgegangen, daß sie der Demokratisierung und der Erneuerung unserer Gesellschaft einen zusätzlichen Impuls geben würde. Damals wurden im Westen viele Zweifel laut, ob Moskau wohl einer solchen Konferenz würdig wäre, wo es doch dort mit den Menschenrechten bei weitem nicht zum besten stünde, wenngleich die Perestroika schon im Gange war. Diese Bedenken hatten wir unter großen Anstrengungen zerstreuen können, und zwar in erster Linie durch praktisches Handeln, indem wir in das Leben unserer Gesellschaft allgemeinmenschliche Werte integrierten und unsere Gesetzgebung an allgemeingültige Rechtsnormen annäherten.

Nach der Niederschlagung des Putsches fanden schließlich solche Zweifel keinen Platz mehr. Unser Land hat sich verändert. Es ist ein organischer Teil des Prozesses von Helsinki geworden. Die Stereotypen der Vergangenheit sind geschmolzen. Zumindest bestimmen sie nicht mehr die Atmosphäre in Europa.

In meiner Rede zur Eröffnung der Moskauer Konferenz habe ich ein paar Aspekte herausgegriffen, die mit der Gewährung der Menschenrechte im gesamten Bereich unseres riesigen Landes unter den Bedingungen zu tun haben, die sich aus dem gescheiterten Putsch ergaben. Ich will sie kurz darlegen.

1. Wir haben von jeher gewußt und wissen es jetzt nur noch besser: Es genügt nicht, die Menschenrechte zu verkünden oder auf ihre Deklaration Treueschwüre zu leisten.

Damit sie Wirklichkeit werden, müssen die Menschenrechte legislativ und ökonomisch abgesichert sein.

2. Die Ereignisse vom August haben uns ein zweites Mal bewiesen, wie wichtig es ist, verläßliche rechtliche und materielle Garantien für die Informationsfreiheit zu haben, im nationalen wie im internationalen Maßstab.

3. Auf keinen Fall dürfen Menschen Verfolgungen ausgesetzt werden, nur weil sie anderer Meinung sind. Dazu stehen wir ganz fest.

4. Die Umgestaltung der Union verlangt ein aufmerksames und verantwortungsvolles Verhalten gegenüber den Minderheiten in der Bevölkerung der neuen Staatsgebilde. Es geht nicht an, daß eine nationalstaatliche Konsolidierung im Falle des Beitritts einer Republik zur neuen Union oder, insbesondere im Falle des Austritts aus der UdSSR, von einer Einschränkung der Minderheitenrechte begleitet wird. Unsere Erfahrungen der letzten Jahre zwingen uns, diesem Problem gegenüber besonders hellhörig zu sein – allerdings nicht nur unsere eigenen Erfahrungen.

Will sich Europa keinem Flüchtlingsstrom ausgesetzt sehen, keinen bewaffneten Konflikten, keinem Nationalitätenhaß, keinem Mord an Menschen und keiner Zerstörung von Städten und Dörfern, sollte es sehr genau darauf achten, daß alle staatlichen Behörden innerhalb seiner Grenzen die Menschenrechte der Minderheiten achten. Andernfalls sackt der europäische Einigungsprozeß in sich zusammen und begräbt die Menschenrechte unter sich.

Das in Moskau abgehaltene, repräsentative internationale Forum hat mir Gelegenheit geboten, viele meiner alten Freunde und Gesprächspartner wiederzusehen und mit ihnen Fragen zu erörtern, die sowohl uns als auch sie bewegen. Natürlich wurde ein großer Teil der Zeit der Beurteilung der Lage in der Union und unseren Plänen für die Umgestaltung gewidmet. Selbstverständlich – so habe ich unterstrichen – würden wir in der Lösung unserer inneren Probleme unseren wichtigsten Beitrag zur Weltpolitik sehen.

In der Außenpolitik bleibt unser prinzipieller Kurs unverändert. In ihrer Erklärung haben der Präsident des Landes und die Führer der Republiken ihre Treue gegenüber allen internationalen Verpflichtungen bestätigt, auch gab es während der Erörterung dieses Vorschlags keinerlei Meinungsverschiedenheiten zwischen uns. Ich hatte vorgeschlagen, die Formulierung zu präzisieren und konkret zum Ausdruck zu bringen, daß wir alle unsere Verpflichtungen auf dem Gebiet der Abrüstung und des Außenhandels einhalten werden.

Die Republiken, die ihre Absicht erklärt haben, eine Union zu bilden, haben bekräftigt, daß sie an der Politik des neuen Denkens und an allen allgemein üblichen Normen und Verpflichtungen festhalten werden, so auch an den in der Schlußakte von Helsinki und in der Pariser Charta festgeschriebenen. Sie werden einen wirksamen Mechanismus schaffen, die vereinbarte Linie in den Kardinalfragen der internationalen Sicherheit, der Abrüstung und der Entwicklung zu gewährleisten. Die Struktur und die Arbeit des Ministeriums für Auswärtige Angelegenheiten und der Botschaften werden wir entsprechend revidieren.

Nach der Niederlage der konservativen Kräfte muß das konstruktive Zusammenwirken mit den Vereinigten Staaten auf ein neues Niveau gebracht werden. In Gesprächen mit James Baker habe ich unzweideutig unsere Verpflichtungen und die Treue gegenüber dem Kurs bestätigt, den wir zusammen mit den USA eingeschlagen haben. Ich habe auch hervorgehoben, daß wir für unser Zusammenwirken neue Möglichkeiten sehen. Hatten wir uns selbst unter den alten Machtstrukturen zu weitreichenden Verträgen und Abkommen bereit gefunden, so werden unsere Möglichkeiten jetzt um so größer sein. Insbesondere werden wir, wie schon in Nowo Ogarewo Anfang August verabredet, mit den USA zusammenarbeiten, um den nahöstlichen Konflikt zu schlichten und eine Friedenskonferenz herbeizuführen. Hier ist bereits ein guter Anfang gemacht.

Eine reale Perspektive, daß unser Land sich umwandelt in eine Union Souveräner Staaten, würde auch die Lage in Europa grundlegend ändern. Vergessen wir nicht, daß die Sowjetunion sogar in ihrer früheren Beschaffenheit in den letzten Jahren als machtvoller Faktor der europäischen Sicherheit, des gegenseitigen Verstehens und der Zusammenarbeit aufgetreten ist. Sie hat nicht nur die Idee vom gesamteuropäischen Haus entworfen, sondern auch einen riesigen praktischen Beitrag zu den positiven Veränderungen im europäischen Raum geleistet.

Eine neue, demokratische Union Souveräner Staaten wird, nachdem sie alles Positive, was die Sowjetunion in der internationalen Arena geschaffen hat, übernommen haben wird, in allen von der Charta für das Neue Europa [Gorbatschow meint hier vermutlich die Schlußakte der Konferenz von Helsinki, Anm. d. Verlags.] vorgezeichneten Richtungen noch aktiver tätig sein. Deshalb ist es erforderlich, die optimalen Schritte gemeinsam auszuarbeiten, um den Kräften des Separatismus und des nationalen Extremismus ja keine Trümpfe zuzuspielen, um dem schon begonnenen Wachsen des neuen Europa keinen Schaden zuzufügen. Es soll das Europa der Blöcke, der Gegensätze und der den freien Austausch von Waren, Kenntnissen und Errungenschaften in Wissenschaft, Technik und Kultur behindernden Barrieren ablösen.

Die Europäer und alle Weltbürger, eingedenk der jugoslawischen Tragödie, machen ihrerseits keinen Hehl daraus, daß sie an der Erhaltung eines einheitlichen, geschlossenen Staates auf einem Sechstel des Erdballs als einem wichtigen Garanten der Weltordnung interessiert sind. Davon profitiert nicht nur unser Staat, sondern auch die ganze internationale Gemeinschaft. Allerdings sind auch Stimmen zu hören, die eine vereinte Union als Gegengewicht gegen das vereinte Deutschland haben wollen. Wir meinen jedoch, daß diese beiden vereinten Staaten ihren gewaltigen Beitrag leisten können zur Verbreiterung und Vertiefung der Zusammenarbeit in Europa und in der Welt, daß sie ihre bilaterale enge Zusammenarbeit für die Festigung der konstruktiven Elemente des europäischen Prozesses, ohne Erschütterungen und Chaos, nutzen.

Die Beibehaltung gesamtstaatlicher Strukturen für eine enge Zusammenarbeit mit Ost und West sind unbedingt erforderlich, wollen wir unser Land von einem kriegsmäßig ausgestatteten Lager in einen friedlichen, blühenden Staat verwandeln. Nicht genug, daß der Militarismus die Wirtschaft austrocknet und die ökologische Katastrophe herbeiführt, er ist darüber hinaus eine politische, physische und geistige Bedrohung für die Demokratie. Deshalb ist die Entmilitarisierung eine der wichtigsten Maßnahmen zur Bestätigung der Rechte und Freiheiten des Menschen. Mit noch größerer Überzeugung und Beharrlichkeit werden wir sie bei uns und überall durchzusetzen suchen.

In diesem Zusammenhang habe ich in Gesprächen mit ausländischen Politikern – und deren gab es im September mehr als fünfzig – und öffentlich mit aller Bestimmtheit erklärt, daß wir nach wie vor für die schnellstmögliche Ratifizierung des Vertrages über die Reduzierung der Streitkräfte und der herkömmlichen Waffen in Europa sowie des Vertrages über die Reduzierung der Nuklearwaffen sind.

Ein organisches Eingliedern in die Weltzivilisation ist unmöglich ohne eine feste ökonomische Grundlage. Jetzt, da die Störfaktoren auf dem Weg zur Umgestaltung der ökonomischen Strukturen beseitigt sind, können wir an die Lösung dieser so unendlich schweren Aufgabe gehen. Das neue Denken hat uns geholfen zu begreifen, daß nicht nur die Festschreibung der Rechte und Freiheiten des Menschen die feste Grundlage der Demokratie sind, sondern auch die ökonomische Freiheit und ein zivilisierter moderner Markt. Nur in einer solchen Atmosphäre formiert sich der neue Charakter von Menschen, die selbständig denken und handeln, die bereit sind, Verantwortung für das Geschehen zu übernehmen. Sie sind es, die den aktiven Teil der bürgerlichen Gesellschaft bilden, jenen Angelpunkt, um den herum sich die neuen Beziehungen zusammenfügen.

Wie die Erfahrung weltweit beweist – das alles braucht Zeit, viel Zeit. Wir aber müssen buchstäblich nach vorn zu dem neuen Gesellschaftszustand durchbrechen. Und deshalb benötigen wir Beistand und Unterstützung, benötigen wir Solidarität. Sie wird reichlich Zinsen tragen, da es hier um das Land geht, von dem der Fortschritt und das Schicksal der ganzen Welt abhängen.

Ich kann nur hinzufügen: Was in den Tagen nach der Niederschlagung des Putsches getan wurde, eröffnet eine sehr große Chance. Ich hoffe, daß man dem, was ich beharrlich und immer wieder gesagt habe, wenn ich zu

Mit Barrikaden und selbstgefertigten Waffen trotzen die Moskauer am 20. August den Panzern des »Notstandskomitees«. (dpa)

Am Morgen nach dem Staatsstreich haben Panzer den Roten Platz besetzt. (dpa)

Unbeeindruckt von den Zurufen der Demonstranten sichern zwei Sowjetsoldaten auf einem Panzerwagen den Manegeplatz. (dpa)

Vor dem russischen Regierungsgebäude versucht ein Demonstrant, den Soldaten eines Schützenpanzers aus der Turmluke zu ziehen. (dpa)

Eine von den Gegnern der Putschisten errichte Straßensperre aus Stadtbussen steht in hellen Flammen. (dpa)

Ein Panzerwagen der Roten Armee versucht,
eine Lkw-Barrikade zu durchbrechen. (dpa)

Moskauer Bürger bei ihren verzweifelten Versuchen, die in die
Innenstadt rollenden Panzer aufzuhalten. (dpa)

Boris Jelzin spricht am 20. August vom Balkon des russischen Parlamentsgebäudes zu hunderttausenden Demonstranten. (dpa)

Moskowiter steigen über Barrikaden, um zum Weißen Haus vorzudringen und die Demonstranten zu verstärken. (dpa)

Demonstranten mit der russischen Fahne auf einem Panzer, dessen Besatzung zu ihnen übergelaufen ist. (dpa)

Eine riesige Fahne in den Farben der russischen Republik
als Zeichen der Unterstützung des russischen Präsidenten. (dpa)

Hunderttausende feiern am 22. August auf dem Roten Platz den Sieg über die Putschisten. (dpa)

Auch sowjetische Soldaten freuen sich über das Scheitern des Putsches. (dpa)

Wut, Unverständnis und Trauer über den Tod von Demonstranten, die sich den Panzern der Putschisten entgegengestellt haben. (dpa)

Mit Mahnwachen und Schweigemärschen demonstrieren Zehntausende in Deutschland gegen den Staatsstreich in der Sowjetunion – hier vor der früheren Botschaft der UdSSR in Ost-Berlin. (dpa)

Am Tag nach dem Putsch fordern Demonstranten in Berlin Freiheit für den auf der Krim festgehaltenen Gorbatschow. (dpa)

Michail Gorbatschow vor Journalisten bei seinem ersten öffentlichen Auftreten nach dem Putsch – noch in Foros auf der Krim. (dpa)

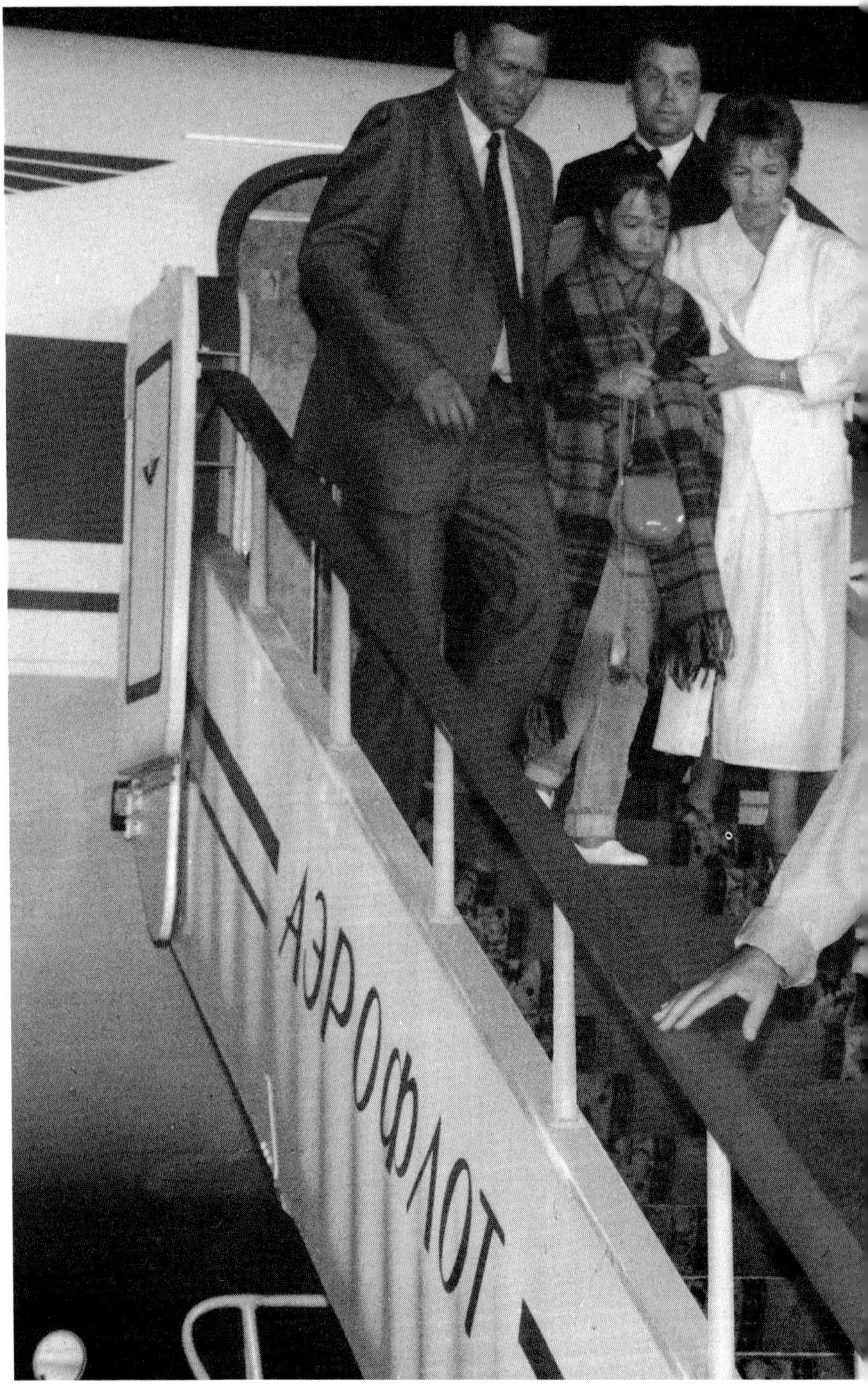
АЭРОФЛОТ

Michail Gorbatschow mit seiner Familie bei der Ankunft
in Moskau. (Foto: Gorbatschow)

Michail Gorbatschow informiert am 22. August in Moskau die internationale Presse darüber, wie er den Staatsstreich erlebt hat. (dpa)

Michail Gorbatschow hält am 23. August auf Einladung von Boris Jelzin vor dem russischen Parlament eine Rede. (Foto: Gorbatschow)

Michael Gorbatschow spricht am 24. August in Moskau auf der Trauerfeier für die drei während des Putsches getöteten Mitbürger. (dpa)

Hunderttausende nehmen Abschied von den Opfern des gescheiterten Staatsstreichs. (dpa)

praktischer und Ergebnisse zeitigender Zusammenarbeit mit unserem Land aufgerufen habe, im Westen jetzt mehr Aufmerksamkeit schenken wird.

Die internationale Gemeinschaft wäre unverzeihlich taub gegenüber den Forderungen der Zeit und den neuen Realitäten, wenn sie, nachdem wir es geschafft haben, uns zu verständigen und die Unsummen für die Überwindung der Krise am Persischen Golf aufzubringen, keine Antwort auf unsere Krise finden würde, die Weltbedeutung besitzt und eine kolossale Chance in sich birgt.

Vieles hängt davon ab, wie die Union und die ihr beitretenden Republiken in der Übergangsperiode handeln werden. Was die auswärtigen Schulden angeht, so sind alle Verpflichtungen vor der internationalen Gemeinschaft bestätigt. Bei allen Partnern werden wir unseren Zahlungsverpflichtungen nachkommen. Das Potential dafür ist vorhanden. Es sollte nur berücksichtigt werden, daß wir in der gegenwärtigen Etappe des beschleunigten Übergangs zur Marktwirtschaft und der Stabilisationsmaßnahmen die Unterstützung des Westens, besonders Europas, und eine maximale Bereitschaft benötigen, uns entgegenzukommen.

Dabei wurde unseren Partnern gesagt (und man soll es auch bei uns hören!), daß die Hauptlast der Verantwortung und die Hauptlast der bevorstehenden Arbeit auf uns selbst und auf keinem sonst läge.

Zur Zeit sind die Hauptprobleme die Stabilisierung der Finanzen und die Kürzung des Staatsbudgets. Gleichzeitig sind ernsthafte Maßnahmen vonnöten, die es erlauben, die Geldmengen zu »binden«. Auf der Grundlage der Erklärung des Präsidenten und der Führer der Republiken wurden bereits die Strukturen der gemeinsamen, koordinierten Handlungen für die Übergangsperiode geschaffen – die Strukturen für die Stabilisierung des wirtschaftlichen und politischen Lebens und die Strukturen für die Beschleunigung radikaler demokratischer Reformen. Wir bewegen uns auf die Konvertierbarkeit des Rubels zu. Wir sind dabei, konkrete Maßnahmen zur Lebensmittelversorgung zu erarbeiten. Im interrepublikanischen Wirtschaftskomitee wird es eine große Abteilung für die Zusammenarbeit mit dem Ausland auf dem Gebiet der Investitionen geben.

Wir sind daran interessiert, für die westlichen Investoren normale Bedingungen zu schaffen. Hier wurde schon viel erreicht. Gesetze wurden angenommen, viele Vorschläge für eine Zusammenarbeit liegen vor.

Wir sind dafür, daß alle Angelegenheiten der Zusammenarbeit mit den Ausland auf einem wirklich funktionierenden Mechanismus gemeinsamen Handelns basieren, der eine ständige Anwesenheit des Partners und eine gegenseitige Kontrolle ermöglicht. Dann werden die zur Verfügung gestellten Mittel nicht im Sande versickern.

Im Rahmen der Union beabsichtigen wir auch, eine enge Koordinierung der Außenwirtschaftspolitik zu verwirklichen, um einen allgemeinen Überblick über die Beziehungen zu ausländischen Unternehmen und Körperschaften zu bekommen.

Veränderungen, eben das Neue, das in unsere Außenwirtschaftspolitik Einzug hält, vollziehen sich, indem die Republiken verstärkt auf äußere Märkte vorstoßen, und zwar mit einer im Prinzip gemeinsamen Außenwirtschaftspolitik.

Mit einem Wort, wir werden die Bedingungen für eine schnellere und entschlossenere Verwirklichung der Absprachen verbessern, und zwar im Rahmen der »Großen Sieben«, die dann der gesamten Union bei der Wiederbelebung der Volkswirtschaft unter prinzipiell neuen Bedingungen beistehen.

Wir müssen den bevorstehenden Winter überleben. Was Brennstoff und Energie angeht, schaffen wir das aus eigenen Kräften. Aber in puncto Lebensmittel brauchen wir Unterstützung, buchstäblich physische Unterstützung. Für alles, was wir erhalten, werden wir selbstverständlich bezahlen, das wird eine Zusammenarbeit zum gegenseitigen Nutzen sein.

Die Niederschlagung des Putsches und die Ergebnisse des Kongresses müßten im Ausland alle Zweifel hinsichtlich des Charakters der weiteren Entwicklung in unserem Land beseitigt haben. Der Streit, ob und wann man uns helfen soll, ist vorbei. Allen, die in der internationalen Politik Verantwortung tragen, muß klar sein, wie jetzt zu handeln ist. Bisher haben sie Großes geleistet. Sie haben es verstanden, im Leben der Staaten und Völker eine neue Epoche aufzuschlagen. Jetzt bedarf es aber zusätzlich einer großen Anstrengung, um der Reformierung eines großen Landes Sauerstoff zu geben. Die Resultate dieser Reformierung werden für den gesamten Weltprozeß von bestimmender Bedeutung sein. Sie benötigt jetzt ganz dringend Starthilfe für die Überwindung besonderer Schwierigkeiten auf dem Gebiet der Lebensmittelversorgung, des Funktionierens der Leichtindustrie, des Übergangs zum konvertierbaren Rubel und bei anderen Problemen des Übergangs zur Marktwirtschaft.

Wir hoffen auf Unterstützung nach dem Prinzip sozusagen einer Art Soforthilfe. Das übrige – wenn wir den Wirtschaftsvertrag unterzeichnet haben, der das Land zum offenen Markt führen wird – wird in normaler Zusammenarbeit mit westlichen Ländern bei der Verwirklichung großer Projekte und Programme entschieden, wenn sich die sowjetische organisch einfügt in die Weltwirtschaft.

Wir beabsichtigen, ein spezielles Zentrum für die Koordinierung unserer Anstrengungen und unserer Zusammenarbeit mit dem Westen zu schaffen, das Wirtschaftsfachleute für den freien Markt ausbildet. Viele Vorschläge zu diesem Bereich gehen ein, aber das alles ist uns zu unvollständig. Wir möchten zusammen mit Amerikanern und anderen Partnern besondere Universitäten gründen, die sich dieser Zielsetzung widmen sollen.

Außenpolitik ist kein Selbstzweck. Heute wie früher ist

sie berufen, die lebenswichtigen Interessen unseres Landes, unseres Staates zu sichern. Nur haben sich unsere Vorstellungen von diesen Interessen und den Wegen zu ihrer Verwirklichung grundlegend verändert. Heute sehen wir uns nicht von der Welt abgekapselt, und schon gar nicht in einem Antagonismus ihr gegenüber. Auch die Welt hat sich uns zugewandt.

Eine historische Chance tut sich auf, und wir müssen sie nutzen – wir müssen die Integration dieses riesigen Landes in die Gemeinschaft zivilisierter Staaten unumkehrbar machen. Ich weiß nicht, was die Lösung dieser Aufgabe kosten wird, ich bin jedoch überzeugt, daß der »Preis« in keinem Verhältnis steht zu dem, was wir alle für die Konfrontation gezahlt haben. Der Nutzen aber wird riesengroß und allgemein sein.

Ich sehe keinen anderen Weg als den der Demokratie

Es ist erstaunlich, jeder Tag nach den dreien im August kommt mir zuweilen wie eine Woche vor. Jetzt, genau einen Monat nach dem Beginn des Putsches, beende ich die Durchsicht alles dessen, was mir nach meiner Rückkehr aus dem Süden nach Moskau durch den Kopf gegangen ist, was ich gesagt habe. Ein Monat erst, aber was ist inzwischen geschehen, wieviel hat sich geändert...

Der Putsch wurde niedergeschlagen. Die Demokraten feiern den Sieg, aber das Leben will Taten sehen. Es verlangt sehr gut durchdachte, ungewöhnliche Entscheidungen. Die Menschen sind unzufrieden damit, daß ihr Alltag schwer ist, daß es noch immer keine Änderungen hin zum Besseren gibt. Darin liegt die hauptsächliche Gefahr. Eben das wollten sich die Organisatoren des Putsches zunutze machen. Deshalb haben wir auch keine Zeit für die berühmte faule Bärenhaut. Wir müssen handeln, den Reformprozeß vorantreiben, den Menschen ökonomische Freiheit geben, und dann werden sie ihre Möglichkeiten selbst in die Tat umsetzen. Vieles müssen wir lernen. Lernen, die Politik, die Wirtschaft und das Leben des Staates zu lenken. In dieser Beziehung sind die Demokraten vorerst noch schwach.

Wir alle müssen noch viel lernen, um im Rahmen der Demokratie, im Rahmen des politischen und besonders des ökonomischen Pluralismus Führer zu sein.

Andernfalls könnte die Geduld der Menschen einfach reißen. Das hätte einen spontanen Ausbruch von Unzufriedenheit, von Chaos zur Folge, und es gäbe das Schlimmste zu befürchten. Nicht minder gefährlich für unsere Pläne wäre es, wenn die Gesellschaft müde würde, wenn sich Enttäuschung, Gleichgültigkeit und Apathie ausbreiteten. Das könnte unseren Weg zur Marktwirtschaft schlicht und einfach blockieren.

Den Kreis von Problemen, die sich jetzt vor uns auftürmen, würde ich in zwei Teile untergliedern. Vor allem sind da die Probleme des Alltags – die Versorgung der Bevölkerung mit Lebensmitteln, mit Brennstoff und Energie und mit Arzneimitteln. Der andere Teil, das ist die Schaffung von Bedingungen für die Förderung des Unternehmertums, für eine entschiedene Beschleunigung der ökonomischen Reformen. Nur bei einem parallelen Vorwärtsschreiten, bei der Lösung der beiden Problemkreise, können wir den Winter und das Frühjahr überleben, gebührenden Nutzen aus den durchgeführten Reformen ziehen und die ersten Schritte auf dem Weg aus der Krise gehen.

Jetzt ist die Hauptsache: Wie schaffen wir es, das Frühjahr zu erleben, wie kommen wir über den Winter? Alles übrige aber kommt zu diesen beiden Aufgabenbereichen hinzu – schneller hin zur Marktwirtschaft zu gelangen und Anreize für Unternehmensgründungen zu schaffen.

Sollen die Reformen in Gang kommen, müssen die Menschen an sie glauben. Ohne die Menschen keine Reformen, ohne ihre Aktivitäten wird alles tot bleiben. Auch das Gegenteil kann eintreten, eine scharfe Reaktion, weil sich die Lebensbedingungen noch mehr verschlechtern. Das wäre ein schwerer Schlag für die Demokratie.

Ich erinnere mich, wie ich nach dem Antrittsbesuch des Botschafters der USA im Georgssaal in mein Arbeitszimmer zurückkam. Auf dem Weg durch den Kreml umringten mich Menschen, es kam zu einem Gespräch. Interessant ist, daß sich niemand über Schwierigkeiten beklagte. Es wurde angesprochen, daß sie natürlich zahlreich seien, aber daß das Volk bereit sei, zusammenzurücken, die Prüfungen zu ertragen und den Reformkurs weiter zu unterstützen.

Wir haben enorme Möglichkeiten. Das ist nicht einfach nur eine Standardaussage, ein Klischee. Dasselbe höre ich immerzu von ausländischen Gesprächspartnern. Sie sagen: Ihr habt doch alles – ein gebildetes Volk und riesige Ressourcen, sie ermöglichen euch, ein reiches Land zu werden. Ein reiches Land müssen wir werden. Ich wiederhole – wir besitzen alles dazu. Wir müssen uns ändern. Dann werden wir auch besser leben.

Am meisten bewegt mich, wie unsere Kinder, meine Enkel und diejenigen leben werden, die heute fünfzehn bis zwanzig Jahre alt sind. Darin sehe ich den Sinn meiner Arbeit, weil schließlich ihnen zuliebe alles angefangen hat. Schwierigkeiten haben uns nicht geschreckt. Wir wußten, daß es viele komplizierte und schwere Probleme zu lösen galt. Wir hatten uns das Ziel gesteckt, daß sich die Menschen, die sich in die demokratischen Prozesse eingereiht hatten, sich auch als Menschen fühlten. Und das ist schon geschehen. Das ist ein Verdienst der Perestroika.

Wir brauchen aber auch neue Lebensformen und Lebensbedingungen. Es wäre wünschenswert, daß diejenigen, die dieser Erde so viel geopfert haben, spüren: Ihre Zeit ist endlich angebrochen, eine glückliche Zeit.

Jetzt, wo sich das Schicksal unseres großen Landes entscheidet, denke ich zuallerletzt an mich. Deshalb war es mir so schwer und zur gleichen Zeit auch wieder leicht, einen Entschluß zu fassen, als die Putschisten ihr Ultimatum stellten. Die mich betreffende Wahl hatte ich längst getroffen. Mochten die Putschisten handeln, mit welchen Mitteln auch immer. Ich jedenfalls kann keine anderen Wege zum Ziel gehen... Die demokratische Wahl läßt keine Möglichkeit zu, andere Methoden anzuwenden. Sonst würde sich das Vergangene unvermeidlich wiederholen, alles das, was wir verurteilen. Mögen die Probleme noch so schwierig sein, sie müssen demokratisch gelöst werden. Ich sehe keinen anderen Weg als den der Demokratie.

Eine Bestandsaufnahme, verfaßt in Foros vor Ausbruch des Putsches

Zwei Fragen bewegen die Gesellschaft heute. Sie finden sich im Zentrum von Publizistik, von wissenschaftlichen Diskussionen und leidenschaftlichen Streitgesprächen auf Parteiebene und in Alltagsgesprächen. Im politischen Kampf sind sie ständig gegenwärtig. Die qualvolle Suche nach ihrer Beantwortung spiegelt die verworrene Übergangszeit wider, die das Land durchmacht.

Die erste Frage lautet: Brauchte die Gesellschaft die Perestroika, oder ist das ein schicksalhafter Irrtum? Welches sind ihre wahren Ziele? Was ist das – Erneuerung des Staates? War es notwendig, so riskante Umgestaltungen anzufangen?

Die zweite Frage lautet: Wie sind, da man sie nun einmal begonnen hat, die Ziele der Perestroika zu erreichen? Welche Politik soll man einschlagen in einer Situation der ökonomischen Krise, der gefährlichen Anzeichen von Desintegration und der Angst vor dem morgigen Tag?

Immer mehr fürchten die Menschen, es könne so kommen wie nach der Oktoberrevolution, die großen Ziele könnten wieder den realen historischen Gegebenheiten widersprechen. Beschert uns die Perestroika etwa das, was die vorangegangenen Generationen durchgemacht haben? Die fortschreitende Verschlechterung des Lebens beunruhigt die Menschen immer mehr – sind wir auf dem rechten Weg, handeln wir richtig, wenden wir die optimalen Methoden an? Damals, in den zwanziger Jahren, war man auch bis zum äußersten gegangen und mußte eine historische Entscheidung treffen, wie sich das Riesenland weiterentwickeln sollte. Man sah kommen, daß eine schwierige Etappe bevorstand, aber die Mehrheit der aktiven Bevölkerung war bereits zu der Überzeugung gelangt, daß man sie um der »lichten Zukunft« willen auf sich nehmen mußte.

Damals hatte man noch keine Erfahrung, kannte man die Ergebnisse nicht. Wir kennen sie. Unbeirrt gingen wir seit der Oktoberrevolution auf die verheißenen Ziele zu und... kamen nie an. Davon unterscheidet sich die heutige Situation grundlegend. Die Furcht vor großen Veränderungen hat sich – über Glasnost und Offenlegung der Wahrheit – dem sozialen Gedächtnis eingeprägt. Sie nährt im Bewußtsein der Massen den Wunsch innezuhalten, gar zurückzufallen, damit man – während dieser Pause – alles noch einmal überdenken und womöglich neu beginnen kann. Darauf spekulieren alle, die die Notwendigkeit von Umgestaltungen nicht wahrhaben wollen und sich ihnen seit langem widersetzen. Das sind orthodoxe Dogmatiker, Menschen der Vergangenheit mit in Stereotypen festgefügter Denkweise und mit eingeschränktem Horizont.

Unter denen, die dazu auffordern, innezuhalten und nachzudenken, sind auch »Linke« neostalinistischer Prägung aufgetaucht. Sie verlangen Stillstand, wollen Ordnung schaffen mit Hilfe der Diktatur, die alle Rechte und Freiheiten, erkämpft durch die Perestroika, beseitigen, bestenfalls einfrieren würde. Sie meinen: Erst einmal Ordnung schaffen, danach bewegen wir uns hin zur Marktwirtschaft, zur Demokratie und allen möglichen Freiheiten. Diese Ansicht breitet sich aus, denn das Volk ist müde und zermürbt durch Unordnung, Mängel und Ungewißheit, es lechzt geradezu nach einer Verschnaufpause und würde nicht widerstreben, wenn jemand »käme« und wieder »alles von oben her regelte«.

Möglicherweise wären es nicht wenige, die Aufrufen dieser Art folgen würden.

Das ist ein Nährboden für Populismus. Diktatorenanwärter und Anhänger des Stalinismus düngen ihn nach Kräften. Die für sie arbeitenden Massenmedien nähren die kleinbürgerliche Nostalgie in bezug auf die Zeiten der Stagnation, als alles, was man so tagtäglich brauchte, recht und schlecht da war, und was Freiheit und Demokratie angeht – wer kräht danach angesichts von Armut und Arbeitslosigkeit?! Allen Ernstes und öffentlich werden Loblieder auf Pinochet und Franco gesungen: Ein paar Jahre richtige Diktatur, und wir hätten den freien Markt, die Demokratie, den Aufschwung und das satte Leben.

Der Populismus hat auch viele neue Demokraten angesteckt, darunter auch solche, die ehrlich zu ihren Überzeugungen stehen. Auch sie werfen dem Präsidenten Inkonsequenz, Unentschlossenheit und Weichheit vor und bestehen darauf, »Maßnahmen zu ergreifen«. Sobald aber der Präsident tatsächlich Maßnahmen vorschlägt zur Stabilisierung der Wirtschaft und zur Gesundung der Finanzen, schrecken die Populisten auf den Tribünen und in den Kabinetten der Macht, auf den unteren Ebenen und in den Republiken vor einer möglichen Unzufriedenheit der Bevölkerung zurück und warnen vor sozialen Unruhen. Dabei haben viele von ihnen hineingerochen in die Politik, sie kennen die realen Möglichkeiten und den wirklichen Stand der Dinge, und ihnen muß klar sein: Wenn wir die harten und unpopulären Maßnahmen zur Stabilisierung nicht jetzt sofort ergreifen, dann müssen die Preise vom 1. Januar an abermals um das Zwei- bis Dreifache angehoben werden. Dann beschreibt die Inflation eine neue, noch gefährlichere Windung und stürzt das Land in noch größere Unordnung.

Ich bin der festen Überzeugung, daß die Probleme nur verfassungsmäßig gelöst werden können. Darin liegt Schwäche, aber auch Kraft. Kraft insofern, als die Gesellschaft, die Menschen, nachdem sie endlich frei sind, auch die Möglichkeit erhalten haben, ihre demokratischen Rechte zu realisieren, und das ist ihnen teuer. Schwäche wiederum deshalb, weil es im Falle von Mißbrauch dieser Rechte sehr schwer wird, Gewalt anzuwenden, selbst wenn sie gesetzlich gerechtfertigt ist. Darin liegt die Besonderheit der Perestroika insgesamt. Nicht um die Vollmachten des Präsidenten geht es, sondern um die moralisch-politische Einstellung. In unserem Land wurde doch letztendlich immer alles durch Gewalt entschieden. Die politische Kultur sah so aus: Wenn du mein Gegner bist, und ich habe die Macht, dann mußt du zumindest im Gefängnis sitzen.

Jetzt aber haben wir den legitimen Pluralismus in der Ökonomie wie in der Politik, im gesamten gesellschaftlichen Leben. All das muß sich aber erst noch erweisen und wird in Qualen geboren. Deshalb benötigen wir einen riesengroßen Vorrat an Glauben, an Überzeugung, um nicht zu entgleisen. Darin liegen jetzt für uns die hauptsächliche Schwierigkeit und die Hauptaufgabe.

Politische und ökonomische Manöver sind unvermeidlich. Sie ändern jedoch weder die Ziele noch die Orientierung auf verfassungsmäßige Mittel, um diese Ziele zu erreichen. Kein Druck – weder der von rechts noch der von links – kann mich davon abbringen.

All diese Jahre haben wir uns durch einen dichten Dschungel den Weg bahnen müssen, in dem nun auch noch junge Triebe wuchern und in dem von allen Seiten Gefahren drohen. Unsägliche Anstrengung hat es gekostet, die neue Revolution in einem Land, das an Gewalt und Willkür gewöhnt war, in friedlichen Bahnen zu halten, und endlich haben wir eine Gesamtkonzeption für den Aufbruch nach vorn gefunden. Sie besteht aus einer Triade miteinander verbundener Hauptrichtungen, und nur sie können zu den Zielen der Perestroika führen. Das sind:

- die Reformierung des Staates;
- die Reformierung der Wirtschaft;
- der Anschluß des Landes an den Weltmarkt und durch diesen und durch die Politik des neuen Denkens an das Gesamtnetz der Weltzivilisation.

Nach diesen Vorbemerkungen komme ich zum anfangs gestellten Thema.

Also – wieso war die Perestroika notwendig? Wären wir ohne sie ausgekommen, oder sollten wir sie jetzt abbrechen? Die Mehrheit ist jetzt wohl der Ansicht, es gebe kein Zurück. Diese Mehrheit möchte aber auch nicht die von uns vorgeschlagene Methode zur Überwindung des administrativen Kommandosystems übernehmen, weil sie – bitte sehr, der Westen beweist es – eine durchgängige Kapitalisierung der Wirtschaft darstellt. Wie sollen wir denn aber weiter vorangehen, welche konkreten Formen und Methoden, adäquat der Idee der Perestroika und den Richtungen der erwähnten Triade, sollen wir wählen?

I.

Das Land steht im Begriff, eine neue Form seiner Existenz anzunehmen, sowohl als Staat als auch als Gesellschaft. Die politische Reform hat dazu geführt, daß der Staat ein anderer geworden ist und auch seinen Namen ändert. Die Gesellschaft entideologisiert sich zusehends. Die monopolartige Vorherrschaft einer Partei wird vom Pluralismus abgelöst. Glasnost und die Freiheit des Wortes sind schon nicht mehr wegzudenkende Charakterzüge des gesellschaftlichen Lebens.

Die Wirtschaftsreform hat den Übergang zur Marktwirtschaft auf der Grundlage vielfältiger Eigentumsformen unumkehrbar gemacht. Beide Reformen haben dem

Land die Türen geöffnet, damit es »unter Beachtung der allgemein üblichen Spielregeln« dem Weltwirtschaftssystem beitreten kann.

Das neue Denken hat in der internationalen Arena Veränderungen gefördert, die es möglich machen, zumindest in den Hauptrichtungen der Sicherheit eine einheitliche, eine in vollem Sinne Weltpolitik einzuschlagen. An einen drohenden Weltkrieg denkt kaum noch jemand.

Das sind die wichtigsten und offensichtlichsten Veränderungen von historischer Tragweite nach sechs Jahren Perestroika.

Ist das gut oder schlecht?

Bei aller Vielfalt der Einschätzungen – die Mehrzahl davon ist kritisch oder einfach schmähend – kann man aus der riesigen Menge von Gedanken und Stimmen, die die Perestroika bei uns und in der ganzen Welt hervorgerufen hat, die eine wichtige Frage herauslösen, auf die alle eine Antwort erwarten: Ist die Perestroika der revolutionäre Durchbruch des großen Landes zu den natürlichen Entwicklungsbedingungen, oder ist sie eine Katastrophe, das Ende seiner Geschichte?

Keine der Einschätzungen kann man außerhalb der konkreten Zeit bewerten. Sie wurden im realen Umwandlungsprozeß der Perestroika geäußert, waren eine Reaktion auf diese oder jene Wende, auf bestimmte Maßnahmen der Machtorgane.

Ausgangsposition der Perestroika war die tiefe Überzeugung, daß man so nicht mehr weiterleben konnte. Darüber habe ich schon mehrmals gesprochen. Ich beabsichtige nicht, mich hier zu wiederholen. Niemals und kein einziges Mal habe ich es bereut, daß ich der Initiator der radikalen Wende im Leben dieses Landes war. Was im Licht der Glasnost über unsere Vergangenheit aufgedeckt wurde, hat unerbittlich und hart bestätigt, daß dieses System, errichtet nach den Regeln der Tyrannei und des Totalitarismus, aus moralischer und aus der Sicht grundlegender ökonomischer und sozialer Interessen des Landes nicht länger geduldet werden konnte. Es hatte uns in eine Sackgasse, an den Rand eines Abgrunds, geführt. Am Leben erhielt es sich durch Gewalt, Lüge, Angst, soziale Apathie, aber auch mit Hilfe künstlicher Infusionen, indem es Bestandsmasse verschleuderte und das Potential durch Aderlaß schwächte. Hätten wir dieses System noch ein paar Jahre länger behalten, hätte man mit vollem Recht von einem Ende der Geschichte unseres großen Staates sprechen können.

Bereits an der Schwelle der siebziger zu den achtziger Jahren spürten wir, daß die Wirtschaft wegsackte, schleppend wurde. Das Interesse der Menschen, sehr produktiv zu arbeiten, schwand. Die Wirtschaft hemmte den wissenschaftlich-technischen Fortschritt. Das Land verfiel in einen Zustand fortschreitender Depression.

Das stalinistische, totalitär-bürokratische System hatte es durch Konzentration von Kräften und Reserven zuwege gebracht, auf einer bestimmten Etappe große Resultate zu erzielen. Die übermäßigen Anstrengungen hatten die Gesellschaft jedoch Schritt für Schritt geschwächt. Nach Stalin war das unter ihm geschaffene administrative Kommandosystem, das sich auf die absolute Herrschaft des Staatseigentums stützte, an der Basis der Macht und der Führung geblieben. Im Grunde genommen war das ein Nachstalinismus.

Das alte theoretische und praktische Modell vom Sozialismus, das dem Land im Verlauf vieler Jahrzehnte oktroyiert worden war, erwies sich als haltlos. Die schwere Krise, in die wir bereits hineingeschlittert waren, stellte keine Krise irgendwelcher Einzelteile des gesellschaftlichen Organismus dar, das war eine Krise des Modells vom Kasernenkommunismus.

Somit war die Perestroika lebensnotwendig. Es gab keine andere Möglichkeit, aus dem Teufelskreis auszubrechen, in den das Land geraten war.

Als wir die Reformen in Angriff nahmen, gaben wir uns sehr wohl Rechenschaft darüber ab, daß es keineswegs genügte, einzelne Korrekturen vorzunehmen. Eine zusätzliche Wende war vonnöten, eine, um mit Lenin zu sprechen, völlig neue Einstellung zum Sozialismus. Da aber sowohl in der Partei als auch in der Gesellschaft viele Jahrzehnte lang ideologische Stereotypen geprägt worden waren, fiel jeder Schritt äußerst schwer. Die Gesellschaft war weitaus kranker, als wir anfangs angenommen hatten.

Neulich wurde ich gefragt, wenn es möglich wäre, ins Frühjahr 1985 zurückzukehren, was würde ich dann anders machen wollen? Ich habe geantwortet, daß ich ohne Zögern denselben Weg einschlagen würde. Schon damals war ich überzeugt, daß die Umgestaltungen lebensnotwendig waren. Und je genauer wir erkannten, in welcher Lage sich das Land wirklich befand, desto überzeugter waren wir, daß man sie schon vor zehn oder zwanzig Jahren oder gar noch früher hätte vornehmen müssen. Auch die hauptsächlichen Glieder der Perestroika-Konzeption, die wichtigsten Prinzipien und die Ziele der Politik würde ich beibehalten. Ihr konkreter Ausdruck hat sich im Verlauf des realen politischen Prozesses geändert, ebenso im Verlauf des Kampfes, auch des Kampfes mit sich selbst, mit der Vergangenheit in uns, die uns noch immer fest gepackt hält, die einen mehr, die anderen weniger.

In ganz allgemeiner Form ausgedrückt, sind die Ziele der Perestroika: die wirtschaftliche Freiheit, die politische Freiheit, die Befreiung aus der Isolation und die Eingliederung des Landes in den gemeinsamen Lauf der Zivilisation. Das Hauptprinzip aber, wenn man es philosophisch betrachtet, ist die Unzulässigkeit jedweden künstlichen Schemas, das man der Gesellschaft wieder aufzwingen könnte, und sei es in wohlmeinender Absicht, um sie »von oben her« zu beglücken. Die Orientierung darauf, die lebenden Kräfte des Volkes von ihrem Joch zu befreien, den Menschen die Möglichkeit zu bieten, ihren Wohlstand in Bewegungsfreiheit selbst zu schaffen – jeder für sich und alle gemeinsam – und den Weg in die persönliche Zukunft nicht mit Dogmen zu pflastern, sondern allgemein menschliche Werte anzubieten, die sich in den Jahrhunderten des Fortschritts in der Welt herausgebildet haben.

Natürlich haben wir nicht von Anfang an erkannt, wie weit wir gehen müssen, wie tiefgreifend die notwendigen Veränderungen sind. Daher auch die Fehlkalkulationen. Da gab es keine Synchronisation bei Beschlußfassungen, da kam etwas zu spät, da etwas zu früh, weil man nicht alles bedacht hatte, und es wurden alte Formen und Strukturen zerschlagen, ehe die neuen Mechanismen geschaffen waren. Andere Male war man so naiv, sich nach denen umzuschauen, die scheinbar zu vernünftiger Zurückhaltung und Vorsicht aufriefen, in Wirklichkeit aber die Bewegung rückwärts zogen oder bremsten.

Das stimmt alles. Aber wir mußten doch einsteigen in die neue Sache, Erfahrung sammeln, uns hineinversetzen in das Bewußtsein der Gesellschaft, uns vergewissern, wie es damit nach siebzig Jahren Ausnahmezustand und Isolation von der Welt bestellt war, und wir mußten lernen, seine Besonderheit in Betracht zu ziehen. Erst danach gelangten wir zu der endgültigen Überzeugung, daß die Perestroika nicht mit den herkömmlichen Begriffen zu messen und nicht nach den Prinzipien der herrschenden Ideologie voranzubringen war. Schließlich erkannten wir auch, daß die Perestroika nicht stattfinden kann im Rahmen des alten Systems, auch wenn wir es noch so sehr zu erneuern und zu verbessern suchten. Wir brauchten ein neues System, neue ökonomische und politische Lebensformen, eine Reformierung des gesamten Vielvölkerstaates, also nach allen Regeln der Kunst eine echte Revolution, und die hatten unsere eigene Vergangenheit und der Fortschritt in der Welt verbreitet.

II.

Die ersten Schüsse auf die Perestroika gaben die »Umkehrdogmatiker« ab, sie erklärten, es habe weder einen Plan noch eine Konzeption gegeben, wir hätten uns auf den Weg gemacht, ohne zu wissen, wohin er führe. Ich werde keine Namen nennen, hier nicht und später nicht. Viele haben ihre Ansichten in der Folge mehrmals geändert, zumindest in öffentlichen Stellungnahmen.

Ich war stets der Meinung, daß diese Kritik Demagogie, Unverstand oder primitives Denken ist, in die Köpfe gepflanzt von einer stalinistischen intellektuellen Erziehung.

Wer verlangt, daß von Anfang an Punkt für Punkt aufgeschrieben wird, was wie gemacht werden soll, daß jeder Schritt der Umgestaltung und seine Folgen konkret vorausberechnet werden müssen, der ist, genau besehen, gegen die Reformierung der Gesellschaft, gegen die Perestroika. Niemand, keine Akademie kann so einen Fahrplan erstellen, höchstens Scharlatane. Die Antwort muß von der Gesellschaft kommen. Im Stadium der tiefgreifenden Veränderungen wird sie »ihr Wörtchen mitreden« und dabei die Erfahrungen anderer nutzen, immer jedoch im eigenen realen Kontext mit der Tradition und dem erreichten Entwicklungsstand im wirtschaftlichen, sozialen, wissenschaftlich-technischen sowie im kulturellen Bereich – im Sinne der allgemeinen und der politischen Kultur.

Die andere Front haben Kritiker errichtet, die Furcht vor dem Neuen bekommen und erklärt haben, man hätte eigentlich gar nichts unternehmen müssen, waren wir bisher klargekommen, hätten wir das auch weiterhin gekonnt, unter die Räder wären wir nicht gekommen. Ihnen wurde widersprochen: Ein Anfang mußte gemacht werden, und er war im Grunde genommen richtig, bis dann vom marxistisch-leninistischen Weg abgewichen wurde. Und so weiter und so fort. Aus diesem Lager schallte dann bald Geschrei über Verrat am Sozialismus, und die Perestroika sei nur zu dem Zweck erdacht worden, um Schluß zu machen mit der sozialistischen Gesellschaft und mit dem Leninismus obendrein.

In der letzten Zeit kennen die wilden Beschuldigungen keine Grenzen mehr. Wie Lenin seinerzeit zum deutschen Spion erklärt wurde, der den Umsturz auf Geheiß des deutschen Geheimdienstes angezettelt hätte – dieser Wahnsinn wird jetzt reanimiert –, so »sondert« unsere Sensationspresse jetzt unter den Initiatoren der Perestroika die Agenten des Imperialismus aus, die im Auftrag westlicher Geheimdienste handeln.

Daneben – auch das hat es 1917 schon gegeben – wurde die »Version« in die Welt gesetzt, die Perestroika sei eine Verschwörung von Juden und Freimaurern. Das alles ist politische Schizophrenie.

Kehren wir zurück zu denen, die inner- und außerhalb der Partei behaupten, die Perestroika sei Verrat am Sozialismus, so zeugt das nur von einem noch lange nicht verschwundenen Erbe des Poststalinismus, vom Neostalinismus als einer Realität des heutigen Tages, von einer erhalten gebliebenen Problemlast und davon, daß die Revolution in den Köpfen sich nur sehr mühsam vollzieht und einen langwierigen Prozeß darstellt.

Wir handeln in einer konkreten historischen Situation, in einer konkreten sozial-ökonomischen Lage und müssen den Realitäten Rechnung tragen, die Sprache der Wahrheit sprechen und keine aus der Vergangenheit entlehnten Phrasen dreschen. Kein seiner Form nach theoretischer Gedanke verdient diese Bezeichnung, wenn er sich nicht auf eine politische Analyse der Gegenwart stützt. Das setzt vor allem eine gewaltige intellektuelle Arbeit voraus, ein neues Überdenken der Vergangenheit und unserer gesamten heutigen Wirklichkeit. Unsere Prognosen müssen sich auf die Realität stützen, nicht aber auf Modelle und Skizzen, abstrakt ausgearbeitet, sei es auch in den allerbesten Instituten. Solange wir nicht aufhören – ich habe schon einmal davon gesprochen –, die Urväter anzubeten, und solange wir fortfahren, die Wahrheit in der Konfrontation mit dem demokratischen Denken im Ausland zu suchen, bringen wir uns um die Möglichkeit, den Sozialismus, für den wir uns entschieden haben, auf modernem Niveau zu verteidigen.

Unser theoretisches Denken ist im Erfassen sowohl unserer eigenen als auch besonders der Weltentwicklung weit zurückgeblieben. Schemen der Vergangenheit und eingewurzelte Vorurteile beherrschen unser Bewußtsein und hindern uns, den Sinn der sich vollziehenden Veränderungen zu begreifen. Solange wir weiter an den Dogmen des Marxismus-Leninismus festhalten, ohne seine theoretischen Grundsätze grundlegend durch die Erkenntnisse der sich stürmisch entwickelnden Wissenschaft zu korrigieren, ohne die Theorie mit der gesamten Erfahrung des zwanzigsten Jahrhunderts anzureichern, verurteilen wir uns zu schwerwiegenden Fehlern in der Politik. Womöglich würden wir das Land abermals in einen solchen Wirrwarr führen, daß wir die ganze Welt staunen machen und wieder von uns wegstoßen.

Genau das fand Berücksichtigung, als der Entwurf des neuen Parteiprogramms ausgearbeitet wurde, der jetzt vorliegt und um den alle intakten sozialen Kräfte, die den Erfolg der Perestroika herbeiführen wollen, versammelt werden müssen.

Die Perestroika fand von Anfang an bei einem bedeutenden Teil der Intelligenz Unterstützung. In einer Atmosphäre von Freiheit und Glasnost, wie es das bei einem jähen Wandel in unserer Geschichte schon mehrfach gegeben hat, teilte sie sich bald in sich befeindende Gruppierungen auf, von denen sich viele nach kurzem in der Opposition befanden – weil die Führung des Landes nicht so vorging, wie das diese oder jene Fraktion der Intelligenz forderte.

Die Ultraradikalen in ihren Reihen haben vergessen, woher alles gekommen ist und wem sie es zu verdanken haben, haben sich nicht um die traurigen Erfahrungen aus der Vergangenheit geschert und verlangt, alles bis auf die Grundfesten »niederzureißen und danach...« Die Bolschewiki verurteilen und verfluchen sie, im Grunde genommen halten sie jedoch an deren Verfahrensweise fest.

Der Zwist und die Unduldsamkeit unter der Intelligenz – und diese schwappen auf dem Weg über eine Unmenge alter und neuer Medien auf die Gesellschaft über – spiegeln, oft in verzerrter, von Hysterie und Panik gezeichneter Form, die Realität der Gesellschaft wider, die eine düstere, ich würde sogar sagen, eine abgrundtief düstere Zeit durchmacht.

Wo sucht man nicht überall nach einem Ausweg? In der völligen Wiederherstellung der Ordnung, wie sie unter dem Zaren geherrscht hat, die Monarchie eingeschlossen. In der Renaissance der Geistlichkeit, jedoch nur auf eine einzige Weise – über ihre Gleichsetzung mit der Religiosität, wobei die Kirche das Monopol auf die gesellschaftliche und persönliche Moral übertragen bekommen soll. In der Übernahme kapitalistischer Ordnungen, sozusagen »pur«, ohne zu wissen oder wissen zu wollen, daß eine weitgreifende Übergabe des größten Anteils des Eigentums in Privathand gleichzusetzen wäre mit einer Situation der ursprünglichen Akkumulation und einer frühkapitalistischen Entwicklung, wo jeder nur an sich denkt, wo einer des anderen Wolf ist und wo jeder, dem der Erfolg untreu wird, sehen muß, wie er wieder auf die Beine kommt.

Gewitzelt wird über die Entscheidung für den Sozialismus, dabei übersieht man, daß der Sozialismus nur deshalb vom Bewußtsein der Massen abgelehnt wird, weil er im Gewand des Stalinismus daherkam. Diese Leute wollen sich gar nicht gewärtig machen, daß die sozialistische Idee eine Existenzberechtigung besitzt, was in der objektiven Logik der Menschheitsgeschichte begründet liegt. Selbst antikommunistische Autoritäten erkennen das an, große Gelehrte und berühmte Philosophen. Ich bin überzeugt, daß die Abneigung der Massen gegenüber dem Sozialismus eine vorübergehende Erscheinung ist. Das Streben der Menschen nach sozialer Gerechtigkeit, nach Freiheit und Demokratie ist unauslöschbar. Man könnte das einen globalen Prozeß nennen, im Zuge der allgemeinen Entwicklung der Zivilisation. Die kommende Generation wird ganz sicher zu dieser großartigen Idee zurückkehren.

Andere suchen ihr Heil in der Reue durch die Ablehnung all dessen, was nach dem Oktober 1917 geschehen ist. Zu dieser friedlichen, beinahe religiösen Einstellung kommen die grimmigsten Bilderstürmer, die nicht davor zurückschrecken, mit barbarischen Methoden das Gedenken und die Glaubenssymbole ganzer Generationen in der Sowjetunion zu zerstören, die ihrer großen Idee zuliebe gelebt, gekämpft und Opfer gebracht haben und keine Schuld daran tragen, daß ihre Ergebenheit gegenüber dem Sozialismus und den Idealen der Revolution gegen sie selbst ausgenutzt wurde und daß alles im Elend endete.

In der Gesellschaft und insbesondere unter Kommunisten in hohen Funktionen ist die Meinung ziemlich verbreitet, es sei im Grunde richtig, daß mit dem Stalinschen Erbe und mit seiner Fortsetzung in Form der Breschnewschen Farce Schluß gemacht wurde. Allerdings dürften im Verlauf der Dinge keine Fehler unterlaufen, dürften die alten, erprobten Machthebel nicht ausgewechselt und die Personen nicht angerührt werden, die sie in der Hand halten. Unter diesen Leuten gilt die XIX. Parteikonferenz als großer politischer Fehler. Mit ihr, meinen sie, begann der Zerfall der Partei und des Staates. »Die Perestroika hat sich nicht bewährt«, habe die anfangs aufgestellten Ziele nicht erreicht, und »wir müssen umkehren«.

Ja, die Nostalgie, die Sehnsucht nach dem Vergangenen, läßt viele Parteifunktionäre nicht los. Einer meiner Gesprächspartner, ein kluger Spanier, hat einmal gesagt: Wenn die Partei oder ein Teil von ihr nichts so sehr liebt wie das »Gütezeichen ihrer Vergangenheit«, so verliert sie in einem demokratischen Land den Boden der Legitimität. Ich erinnere noch einmal daran, was ich vor drei Jahren gesagt habe: »Wir alle, die ganze Partei, müssen lernen, unter den Bedingungen einer sich entwickelnden Demokratie zu arbeiten.« Allem Anschein nach wurde diese Warnung in den Wind geschlagen. Die Partei ist hinter dem Demokratisierungsprozeß der Gesellschaft zurückgeblieben. Das ist für sie zum Nährboden eines Minderwertigkeitskomplexes geworden, der viele in die Reihen der Opposition schleudert.

Die Demokratie weitet sich aus, obwohl ihre Formen nicht gefestigt sind. Die Gesellschaft lebt jetzt anders. Viele neue Kräfte haben die politische Arena betreten, sie suchen, irren, wünschen ihrem Land jedoch Gutes. Aber auch streitbare destruktive Kräfte treten hervor und machen sich einen Namen, sie sind offen reaktionär und antikommunistisch.

Das alles hat das politische Klima im Land völlig verändert, in einem Land, in dem das Gesetz und nur das Gesetz regieren sollte, das Bevorzugung und Privilegien ausschließt. In gleichberechtigter Rivalität müssen die Menschen im Namen der gemeinsamen Interessen für die gesamtnationalen Ideen gewonnen werden. Wir müssen beweisen, daß wir recht haben, und die Gesellschaft konsolidieren, jedoch nur im Rahmen der Legalität, mit friedlichen demokratischen Methoden. Und nur so, gestützt auf eine vernünftig denkende Mehrheit, wird es möglich sein, die Ansprüche nationalistischer, chauvinistischer, hochstaplerischer und dergleichen Elemente zurückzuweisen und zu entkräften. Wir dürfen ihnen nicht gestatten, an die Macht zu gelangen, indem sie die Krisensituation ausnutzen. Das wäre ein Unglück.

Ja, diese Kräfte möchten die Führung des Landes entgleisen lassen. Sofern es ihnen nicht gelingt, ihre Pläne verfassungsgemäß durchzusetzen, agieren sie über die Meute, die Ochlokratie, stacheln auf und machen sich die Mißstände zunutze. Solch eine Erscheinung läßt sich in letzter Zeit auch in den Reihen der Partei beobachten. Dieser Weg führt die Partei auf die der Perestroika entgegengesetzte Seite. Für die Kommunisten aber, wenn sie eine einflußreiche politische Kraft sozialistischer Prägung bleiben wollen, gibt es keine Alternative, sie müssen die Antworten suchen, indem sie die Reformen fortsetzen und weiterentwickeln. Nur die Reformen können die Gesellschaft radikal erneuern und modernisieren. Einen anderen Weg aus der Krise gibt es nicht. Alle patriotischen Kräfte und demokratischen Bewegungen müssen zur Lösung der gesamtnationalen Aufgabe vereinigt werden. Dieser Sache zuliebe müssen wir auch zu Zusammenarbeit und – wo nötig – zum Kompromiß mit anderen politischen Kräften bereit sein.

Die Einführung eines Ausnahmezustands, in dem sogar einige Anhänger der Perestroika einen Ausweg aus der Krise sehen, ganz zu schweigen von denen, die eine Ideologie der Diktatur predigen – sie wäre ein Weg in den Untergang, in den Bürgerkrieg. Offen gesagt, es fällt gelegentlich nicht schwer, hinter den Rufen nach dem Ausnahmezustand das Suchen nach einem Vorwand zu entdecken, zu dem System zurückzukehren, das vor der Perestroika bestand.

In einer Reihe mit den Kritikern und Oppositionellen sitzen auch die kommunistischen Fundamentalisten, die sich von ihren dogmatischen Vorstellungen nicht losreißen können. Entgegen allen jetzt bekannten Fakten, entgegen der herrschenden gesellschaftlichen Meinung wollen sie nicht wahrhaben, welch ungeheuerlicher Preis für den Doktrinarismus und den grenzenlosen Glauben an ideologische Postulate und Mythen gezahlt werden mußte. Sie fordern, die Partei wieder zum Rückgrat des Staates, zur Sachwalterin der Gesellschaft und zur Kommandostelle zu machen. Die Reform des politischen Systems erklären sie zur volksfeindlichen politischen Spaltung, die Demokratisierung der Wirtschaft verleumden sie als Rückfall in vorrevolutionäre Verhältnisse. Charakteristisch sind auch ihre Kampflosungen – gegen Opportunisten, Revisionisten, Neomenschewiki, Nationalkommunisten und Sozialverräter.

Diese Linie führt dazu, die Gesellschaft wieder aufzuspalten in Rote und Weiße, und letztendlich führt sie zur Staatskatastrophe. Berufungen auf Fehler, die im Laufe der Perestroika gemacht wurden, können eine solche Haltung nicht rechtfertigen.

Fehler sind unvermeidlich bei einer so riesigen Aufgabe, beim Hinüberführen eines so großen, dreihundert Millionen starken, vielschichtigen und viele Völker umfassenden Landes auf einen prinzipiell anderen Entwicklungsweg. Heilige sind da nicht am Werk. Das einzige, was ich mit reinem Gewissen bestätigen kann – im Verlauf aller sechs Jahre gab es keine Versuchung, zurückzuweichen, klein beizugeben, dem angestrebten Ziel abzuschwören, mich von der Verantwortung für die begonnene Sache und ihr Vorantreiben zu befreien. Diesen, den größten Fehler hat es nicht gegeben.

Zurück zur XIX. Parteikonferenz, auf der angeblich der Hauptfehler auf dem Weg der Perestroika gemacht wurde. Das stimmt nicht. Die historische, die für die Wende wichtige Bedeutung der Konferenz besteht ja eben darin, daß damals der ganzen Welt gesagt und bewiesen wurde, daß wir nicht Demokratie spielen, daß wir ihre Prinzipien ernst nehmen und bereit sind, gemäß den von ihr im Verlauf des Fortschritts in der Welt entwickelten Gesetzen zu handeln. Die Konferenz hat in der Tat den Impuls für die stürmische Entwicklung des demokratischen Prozesses im Land gegeben, sie hat den Hauptsinn der Perestroika deutlich gemacht: Die Gesellschaft soll sich nicht auf Befehl von oben entwickeln, nicht nach vorgeschriebenem Rezept und nicht unter der Kontrolle ideologischer und politischer Monopolstrukturen, sondern gemäß der natürlichen Logik der demokratischen Selbstbewegung, indem sie ihr soziales und intellektuelles Potential frei verwirklicht. Auf pluralistischer Grundlage wird sie voranschreiten im ständigen Suchen nach optimalen politischen Lösungen, die für die Regelung des historischen Prozesses unumgänglich sind.

Die XIX. Parteikonferenz hat die Reformierung der Gesellschaft auf eine breite Bahn geführt, und sie ist unumkehrbar geworden.

Die Demokratisierung der Gesellschaft in unserem Land wäre zum Scheitern verurteilt, würde sie sich nicht auf die zwischennationalen Beziehungen und auf die Rechte aller Völker ausdehnen. Aber der – mit Unterstützung und Verständnis seitens der Initiatoren der Perestroika – begonnene Wiederbelebungsprozeß des nationalen Selbstbewußtseins und der Selbstbestimmung hat einen explosionsartigen, spontanen Charakter angenommen. In einer Reihe von Fällen wurde er von politisch unerfahrenen oder einfach von verantwortungslosen, nationalistisch aufgebrachten Menschen geleitet. Als es dann aber zum Blutvergießen kam, war in ihren Augen »das Zentrum« schuld, weil es sie »nicht beschützt«, es »nicht abgewendet« hat, weil es »zu spät gekommen« ist oder sich »unrechtmäßig eingemischt« hat. Alle diese Beschuldigungen weisen den einen Unterton auf, das »Zentrum« hätte sich auf jemandes, selbstverständlich »auf meine« Seite stellen müssen, gegen die andere, entgegengesetzte.

Wir haben Lenins Prinzip der Selbstbestimmung in die

Tat umgesetzt, bis hin zur Abspaltung; wir haben uns losgesagt von Stalins unitaristischer Staatskonzeption, die Lenins Verständnis von der sowjetischen Föderation grundlegend entstellte; wir haben den Republiken die Freiheit gegeben, ihre Union auf wirklich freiwilliger, gleichberechtigter und föderativer Grundlage umzugestalten. Als Antwort erhoben die Neointernationalisten – wenn man eine Weile am Lack kratzt – aus lauter Chauvinismus ein großes Geschrei: Die zertrümmern den großartigen Vielvölkerstaat, sie zerstören die »unverbrüchliche Völkerfreundschaft«!

Dabei geht es tatsächlich um das Schicksal des Landes, um das Schicksal unserer Heimat, um unser gemeinsames Haus, darum, wie wir selbst, wie unsere Kinder und Enkel leben werden. Das ist eine Frage von solchem Ausmaß und solcher Tragweite, daß sie über den Interessen einzelner Parteien, sozialer Gruppen und politischer und gesellschaftlicher Bewegungen steht. Eben deshalb bin ich als entschiedener Verfechter des allgemeinen Referendums aufgetreten. Und trotz der, sollte man meinen, allerungünstigsten Lage in sozialökonomischer Hinsicht, trotz der zugespitzten Unzufriedenheit mit der Verschlechterung des Lebens hat das Volk seinen gesunden Menschenverstand unter Beweis gestellt, sein hohes Verantwortungsgefühl, einen Patriotismus in der Tat. Die Mehrheit hat sich für den Zusammenhalt des Staates ausgesprochen, der tausend Jahre alt ist und der unter Aufbietung von Mühe und Vernunft unter ungezählten Opfern vieler Generationen geschaffen wurde – für die Union, in der untrennbar die Schicksale von Völkern und Millionen einzelner Menschen verflochten sind. Das Referendum hat die Selbstachtung der Menschen und ihren Stolz auf die Macht unter Beweis gestellt, die oft schon ihre Fähigkeit bezeugt hat, die Unabhängigkeit und Sicherheit der in ihr vereinten Völker zu gewährleisten und die nun als Initiator und Bollwerk eines wahren Friedens, einer wahren Stabilität in der Welt auftritt. Das Referendum hat den maßgeblichen moralisch-politischen Rückhalt für die schnellstmögliche Arbeit am Unionsvertrag geliefert.

Immer mehr festigt sich in der Gesellschaft die Einsicht, daß es unstatthaft ist, aus einem Extrem, dem Einheitsstaat, in dem die Republiken nicht die Möglichkeit hatten, ihre Probleme selbständig zu lösen, die sie jetzt, wo sie zu souveränen Staaten werden, in eigener Regie bewältigen können, in ein anderes Extrem zu fallen und die Union in etwas Amorphes, nicht Lebensfähiges zu verwandeln. Das wäre ein Unglück, kein geringeres als das, zu dem der totale Einheitsstaat geführt hat. In den tausend Jahren in dem einen, in zweihundert bis dreihundert in dem anderen und in fünfzig Jahren im dritten Fall haben sich Realitäten herausgebildet, für deren Entwicklung eine lebensfähige, wirkliche Föderation gebraucht wird, keine wie auch immer geartete Gemeinschaft oder Assoziation.

Man spricht vom Zerfall unseres Staates, aber nicht der

Staat zerfällt. Zusammengefügt im Verlauf eines Jahrtausends, lebt er und wird weiterleben. Seine Kommandostrukturen zerfallen, die Kommandoformen der Vereinigung von Republiken und Völkern, die zu den Anforderungen der Entwicklung und zu den Erwartungen der Völker in Widerspruch geraten sind. Der gegenwärtige Ausbruch nationaler und nationalistischer Gefühle beweist überzeugend, wie mißraten und unerwünscht diese Formen waren und welche gefährlichen Mißstände die Union unterspült haben. Sie sind es doch gewesen, die den Zerfall der Union herbeigeführt haben. Es kann doch wohl niemand ernsthaft glauben, daß heute, an der Schwelle zum einundzwanzigsten Jahrhundert, wo eine breite Woge der Demokratisierung über die Welt läuft, noch jemand in der Lage wäre, einen Vielvölkerstaat zu errichten oder durch Zwang zusammenzuhalten?

Gegenwärtig fügt sich eine wirklich freiwillige Völkervereinigung zusammen, was unserer Union eine nie gekannte Festigkeit verleiht. In dem die vom Unionsvertrag bestimmten Beziehungen in die Wirklichkeit umgesetzt werden, wird sich unsere erneuerte Union mit Leben füllen und konsolidieren. Dann wird ein Countdown einsetzen – hin zur Festigung freiwilliger, natürlicher Beziehungen zwischen den Völkern unseres Landes.

Wir schaffen einen modernen Staat, und die Kriterien seiner Macht und Größe sind in vielem andere als vorher. Nur ein demokratischer Staat kann heute groß sein. Der moderne Staat gewinnt seine Stärke nicht durch harte Kontrolle aller Lebensformen, nicht durch Kommandomethoden der Führung, nicht durch die Bereitschaft der Gesellschaft, in die von oben angeordnete Richtung zu marschieren, sondern durch demokratische Zustimmung, durch Freiheit, Entsklavung, Engagement und durch einen hohen Lebensstandard seiner Bürger. Auf dem Territorium praktisch eines ganzen Kontinents schaffen wir einen neuen demokratischen Raum – politisch, ökonomisch und geistig. Wir gründen einen großen demokratischen Staat, der nicht dazu verurteilt ist, ständig weiterentwickelte Länder einholen zu wollen.

Der Abschluß des Unionsvertrages wird uns endlich gestatten, Schluß zu machen mit den zerstörerischen Prozessen und eine entschiedene Wende hin zur Wiederherstellung normaler Lebens- und Arbeitsbedingungen zu vollziehen.

Wir stehen an der Schwelle eines großen Einschnitts in der Geschichte unseres Landes. Als Ergebnis zugespitzter Diskussionen, harter, schöpferischer Arbeit, die die Meinungen, Sorgen und Interessen Dutzender Völker angehäuft hat, als Ergebnis eines nicht einfachen politischen Kampfes, der wiederum beweist, wie gewaltig groß unser Werk ist, entsteht ein neuer, nie dagewesener, nie gekannter und nicht »irgendein« Staat. Dieses riesige Reich stützt sich auf neue Grundlagen – auf völlige Freiwilligkeit und Gleichberechtigung. Es wird nicht durch militärische

Macht, nicht durch die Furcht, die es lange Zeit eingeflößt hat, stark sein, sondern in erster Linie durch die soziale und wirtschaftliche Gesundheit der vielen Millionen seiner unterschiedlichen Völker, die unter den Bedingungen der Demokratie, der wirtschaftlichen und politischen Freiheit leben. Seine Lebensfähigkeit wird sich aus Übereinkunft und gemeinsamer Arbeit speisen, aus vernünftiger und gerechter Arbeitsteilung zwischen allen Nationen und ihren souveränen Staatsgebilden.

So sieht eines der welthistorischen Ziele der Perestroika aus.

Leben und Zeit haben es so eingerichtet, daß die gegenwärtige Führungsgeneration die historischen Wechsel bezahlen muß – im Zentrum, in den Republiken und auf kommunaler Ebene. Um so größere Verantwortung tragen wir alle, damit das große, wahrhaft historische Werk der neuen Vereinigung unserer Völker vollen Erfolg davontragen wird.

Den euphorischen Separatismus und Nationalextremismus kann man jetzt, wo die lange aufgestauten Widersprüche des totalitären Einheitsstaates explodieren, erklären und bis zu einem gewissen Grad sogar verstehen.

Sobald wir aber – über den Unionsvertrag – in eine die gesamte Union umfassende freie Marktwirtschaft eintreten, die sich immer mehr in den Weltmarkt einfügt, sobald der Koordinationsmechanismus zwischen den souveränen Republiken greift, sobald wir gemeinsam anfangen, aus der Krise herauszukommen, und sobald die Menschen die ersten materiellen Früchte der Perestroika greifen können – sie werden auch dank ihrer Einheit und der zwischen ihren Nationen bestehenden Einmütigkeit errungen –, dann werden sich alle ehrlichen Menschen – und sie sind in einer riesigen Überzahl –, die sich von den nationalistischen Strömungen haben mitreißen lassen, die nicht rechtzeitig zur Besinnung gekommen und ihren Anführern nicht entgegengetreten sind, als diese ihre Losungen verkündeten: »Je schlimmer für die Union, desto besser für meine Nation«, dann werden diese ehrlichen Menschen sich schämen. Sie werden erkennen, was für einen großen Fehler sie begangen haben, als sie während des großen Integrationsprozesses auf einem Sechstel des Planeten abseits standen.

Die Perestroika konnte nicht in einem internationalen Vakuum verlaufen und schon gar nicht inmitten eines feindseligen Umfelds. Das ist doch wohl allen klar. Als aber konkrete Schritte unternommen wurden, die längst sinnlos gewordene, äußerst gefährliche und in höchstem Maße kostspielige Konfrontation mit dem Westen zu beseitigen, hagelte es Anschuldigungen: Was der Imperialismus mit Gewalt nicht geschafft habe, servierten die ihm auf silbernem Tablett; sie hätten den »Dritten Weltkrieg« verloren; sie gäben her, was im Vaterländischen Krieg erobert wurde; wir beleidigten Millionen seiner Opfer; wir verrieten Freunde und Verbündete; wir hätten das sozialistische

System zerstört und fielen dem internationalen Kommunismus in den Rücken usw.

Die Perestroika, heißt es, habe die außenpolitischen Positionen unseres großartigen Staates geschwächt; wir würden »nach fremder Pfeife« tanzen. Prüfen wir diese Anschuldigungen. Es stimmt, die Sowjetunion hat verzweifelte Anstrengungen unternommen, die Rolle einer »Supermacht« zu spielen, das ist ihr jedoch nur in einer Hinsicht gelungen, und zwar in militärischer. Unser Prestige war das einer Militärmacht, ein Prestige der Bedrohung. Sowjetische Truppen standen in Osteuropa und in der Mongolei, unsere Jungen fielen in Afghanistan. Dabei hat die aufgeblähte Kriegsmaschinerie unsere Wirtschaft kaputtgemacht, die nichtmilitärischen Wirtschaftszweige dahinvegetieren und den Lebensstandard schrumpfen lassen. Aber auch unser Rüstungspotential fing allmählich an zu verfallen, weil unser technischer Rückstand trotz unerträglich hoher Ausgaben immer größer wurde. Wir hätten uns eines Tages vor die Wahl gestellt sehen können, die ganze Welt »aufs Korn zu nehmen« oder den militärischen Rückstand zu akzeptieren. Wir waren eine Supermacht mit uneffektiver Wirtschaft, faktisch ein bloßer Rohstofflieferant für Entwicklungsländer, die einen um ein Vielfaches niedrigeren Lebensstandard hatten als wir. Kann man das patriotisch nennen, wenn Bürger, denen das Ansehen ihrer Heimat am Herzen liegt, nach all dem Sehnsucht empfinden?

Wir haben Schluß gemacht mit einer Außenpolitik, die

dem utopischen Ziel dienen wollte, die kommunistischen Ideen in der Welt zu verbreiten, die uns in die Sackgasse des »kalten Krieges« geführt, dem Volk unerträgliche Lasten an Rüstungsausgaben aufgebürdet und uns schließlich in Abenteuer wie das afghanische gestürzt hat. Zum erstenmal seit vielen Jahren und Jahrzehnten wird eine Außenpolitik gemacht, die unseren nationalen Interessen dient und unseren inneren Angelegenheiten »nützt«.

Das hat uns eine hohe internationale Autorität eingebracht, um die es jetzt anders bestellt ist – eine Autorität des Vertrauens, die Autorität einer konstruktiven, voraussagbaren, sittlichen und von Abenteurertum freien Außenpolitik. Die Befreiung der Menschheit von der Gefahr eines atomaren Harmageddon hat in Wirklichkeit die Sicherheit unseres eigenen Landes gestärkt. Somit wurde eine solide Basis für die Festigung unserer außenpolitischen Positionen geschaffen. Erinnern wir uns an den berühmten russischen Außenminister des vergangenen Jahrhunderts, an Fürst Gortschakow. »Rußland konzentriert sich«, sagte er und meinte damit dessen wachsende Autorität nach den Reformen der sechziger und siebziger Jahre.

Die Sowjetunion ist und bleibt eine Großmacht, ohne die keine Angelegenheiten von Weltgeltung gelöst werden können. Dabei sind wir zu einem normalen Mitglied der internationalen Gemeinschaft geworden und münden auf gleichberechtigter Grundlage ein in den allgemeinen Fluß der Weltzivilisation.

Man spricht vom »Ausverkauf« unseres Staates und beruft sich dabei auf die vielseitigen Beziehungen zu anderen Staaten, auf den Strom von Ausländern, die in unser Land kommen, und auf das – leider nur zu langsam – zunehmende Wirken von ausländischem Kapital in der Sowjetunion. Kann man denn aber von Patriotismus sprechen, wenn man sein Land vom Weltfortschritt, von wissenschaftlichen, technischen und kulturellen Errungenschaften isoliert? Dann stände auch Peter der Große, der das »Fenster nach Europa aufgestoßen« und sich die Erfahrung, das Wissen und die Technik der Europäer weitgreifend zunutze gemacht hat, dem Patriotismus fern.

Heute besteht der Patriotismus gerade darin, unser Land schnellstmöglich an die Errungenschaften von Wissenschaft und Technik und an die der Weltzivilisation heranzuführen. Genau das tun wir und schaffen auf diesem Brückenkopf die Voraussetzungen für die Erneuerung, Wiedergeburt und Stärkung unseres großen Staates.

Seit kein Weltkrieg mehr droht, treten die Sinnlosigkeit und die Absurdität der überzogenen Aufrüstung offen zutage. Der Schlußstrich unter den »kalten Krieg« und unter das Wettrüsten, die das Land um seine Reserven und an den Rand des Bankrotts gebracht haben, wirkt sich auf die Armee und alle sie beliefernden Strukturen, auf den gesamten Komplex der Rüstungsindustrie aus.

Viele, deren Interessen in Mitleidenschaft gezogen wurden, selbst wenn sie die Notwendigkeit der Veränderungen erkannten, besonders aber diejenigen, die aus den sozialen und psychologischen Folgen der Truppenrückführung aus dem Ausland, aus der Reduzierung des Personalbestands und der Bewaffnung und aus der Umwandlung der Rüstungsindustrie Nutzen ziehen wollten, haben eine weitere Front gegen die Perestroika aufgebaut.

Eine wüste Demagogie hat eingesetzt: Die Armee sei einem ungewissen Schicksal überlassen; die Hauptstütze des Staatswesens sei ramponiert; die Generäle und Marschälle würden verunglimpft und dergleichen mehr. Die Schläge hagelten und hageln auf die empfindlichsten Stellen ein, treffen nicht nur die materielle, die allgemeine Seite des Problems, sondern auch das Gefühl des Patriotismus und die bei unserem Volk traditionelle Achtung vor der Pflicht des Militärdienstes. Diese zügellose Demagogie fordert die Soldaten heraus, ruft in Armeekreisen und in der Gesellschaft berechtigten Zorn hervor, findet jedoch Unterstützung bei jenen, die aus eigennützigen oder nationalistischen Beweggründen die Armee mit Schmutz bewerfen und verleumden, die Offiziere und Soldaten öffentlich beleidigen und ihren Einfluß in den Standorten benutzen, um ihnen auf jede Weise zu schaden und ihnen Leben und Dienst schwerzumachen.

Fegt man all diesen Schmutz und Unrat zusammen, der auch bei der Perestroika anfällt und bei einem revolutionären Übergang von einem System zum andern unvermeidlich scheint, drängen sich folgende Gedanken auf.

Im alten Rußland war es ein Unglück, das die Februarrevolution in eine Sackgasse geraten ist und den Grundgedanken der Oktoberrevolution scheitern ließ: Millionen Menschen konnten weder lesen noch schreiben, hatten also auch keine Ahnung von Politik. Als es darum ging, über das Schicksal des Landes zu entscheiden, traten sie als eine materielle Kraft auf, die mit Hilfe reichlich primitiver Mittel leicht zu lenken war.

Für die Sowjetunion erwies es sich als ein Unheil, daß man das Volk Lesen und Schreiben lehrte, um ihm ein künstliches Entwicklungsschema aufzuzwingen und seinen Haß auf alles zu wecken, was von diesem Schema abwich, und um es von der Außenwelt und vom Prozeß der Zivilisation zu isolieren. So wurde es zum Werkzeug für Manipulationen politischer Hochstapler, für die der Sinn des Lebens in ungeteilter Macht, in der widerspruchslosen Unterwerfung von Menschen unter ihren Willen bestand. Völlige Willkür, die den Normen der Moral und den Menschenrechten hohnsprach.

Ich werde den Gedanken nicht los: Hätte es in der Mitte der zwanziger Jahre den Stalinschen Thermidor nicht gegeben, der die Ideen der Großen Revolution verriet und mit Füßen trat, hätte man das Land noch auf einen Weg der Demokratie, der Wiedergeburt und des wirtschaftlichen Aufschwungs führen, die Fehler und Ungerechtigkeiten, zu denen es während des Bürgerkriegs gekommen war, wiedergutmachen und die geistigen Wunden heilen können.

Leider kam es schlimmer, als man hätte erwarten können. Obwohl schon damals in beiden Lagern, im roten wie im weißen, in dieser Hinsicht erstaunlich weitsichtige Prophezeiungen gemacht wurden. Aber davon will ich hier nicht sprechen.

Erst jetzt, in diesen wenigen letzten Jahren, seit wir Kenntnisse über den wahren Zustand der Menschheit in der zweiten Hälfte des zwanzigsten Jahrhunderts haben, seit wir uns mit den Augen hervorragender Denker und Schriftsteller betrachten können, die aus der Heimat vertrieben wurden, aber leidenschaftliche Patrioten geblieben sind, seit wir unsere Furcht abgestreift und angefangen haben, uns aus den Dogmen und Stereotypen der Stalinzeit zu befreien und zum gesunden Denken zurückzukehren – erst jetzt zeichnet sich der Boden für ein richtiges Erkennen dessen ab, was unser eigenes Land darstellt und welches seine Bestimmung ist. Wir stehen jedoch erst am Anfang dieser Selbsterkenntnis und erst recht einer Verallgemeinerung all dessen, was wir erfahren und begriffen haben; dabei denke ich an die Mehrheit unserer Bürger, einen bedeutenden Teil der Intelligenz eingeschlossen.

Die Periode der Selbsterkenntnis und der Säuberung zieht sich in die Länge, hat ihrerseits viel Negatives erbracht und neue Hindernisse auf dem Weg zum vernünftigen Denken und zur Eintracht aufgetürmt.

Man hat damit begonnen, selbst die wirklich großen, originellen und in der ganzen Welt anerkannten intellektuellen und künstlerischen Errungenschaften der sowjetischen Epoche hinauszufegen.

Diese ganze chaotische, stürmische und leidenschaftliche Bewegung, in der es viel Aufrichtiges und den Wunsch nach dem Besten für das eigene Land gibt, stellt ein unüberwindliches Bedürfnis dar. Da mußten wir durch – um unser Denken zu erneuern, um zu versuchen, das Gewissen zu reinigen um zu begreifen, wo wir angelangt sind, und um die Realitäten zu erkennen. Um eine biblische Metapher zu verwenden – sie warfen die Steine aneinander vorbei. Mehr noch, die Projektion dessen, was schon mit uns geschehen war, auf das, was sich jetzt vollzieht, hat Menschen, Absichten und Unternehmungen ins Gerede gebracht, die der Perestroika verbunden sind.

Es wäre wirklich an der Zeit, die Steine zusammenzutragen. Dieser Prozeß begann mit der Erklärung »Neun plus eins«. Im Frühjahr, als die harte Konfrontation alle Grenzen zu sprengen drohte, haben sich die wichtigsten politischen Kräfte auf ihre Verantwortung besonnen und sich darüber geeinigt, wie das Land mit vereinten Kräften aus der Krise zu ziehen wäre. Mit der Vereinbarung »Neun plus eins« gelang es, die Lage zu entschärfen. Sie spielte die Rolle des Rettungsrings und begründete die Tendenz zu Eintracht und Stabilisierung, die sich nährt vom Selbsterhaltungstrieb des Volkes, von einem natürlichen Streben nach Eintracht zur Rettung des Vaterlands und einfach von der Ernüchterung nach dem Schock, ausgelöst durch das

Wissen um die so bittere Wahrheit. Jetzt gibt es die Möglichkeit, den politischen Prozeß im Rahmen der Gesetzlichkeit fortzuführen. Die von der Perestroika geschaffenen legalen Institutionen der Demokratie funktionieren schon und schließen aus, daß Probleme gelöst werden, indem man die Menge »weg damit« schreien läßt. In der Gesellschaft festigen sich Tendenzen zur Beruhigung, zur Lösung von Problemen auf sachliche Weise und in Übereinstimmung mit den Prinzipien, die der Perestroika zugrunde liegen. Schon gibt es konstruktive Konzeptionen der Vorwärtsentwicklung. Parteiprogramme wurden verfaßt, Verfassungsentwürfe, und eine neue Gesetzgebung bildet sich heraus.

In Zeitungen und Zeitschriften finden sich zahllose Modelle »zur Rettung des Landes«. Sie enthalten viele interessante Gedanken und gute Absichten. Der Mehrzahl von ihnen ist aber das Bestreben gemeinsam, dem Land noch ein Idealschema aufzubürden, das jeder Urheber für das beste und nützlichste hält. Im Grunde genommen geht es hier wieder darum, die Gesellschaft in eine vorkonstruierte »Formation« zu treiben, in der alles nach Funktionen und festen Zeitabläufen aufgeteilt ist und die, handelt man nach Vorschrift, den Erfolg garantiert. So etwas »hatten wir schon«.

Es darf jedoch nicht dazu kommen, daß so etwas außerhalb von Diskussionen und nicht als natürliche und normale Wahrheitssuche stattfindet, sondern sich womöglich in Kategorien wie »Rote und Weiße«, »Blaue und Schwarze«, Revisionisten und Verräter, Volksfeinde und »seine wahren Freunde« niederschlägt. Das würde einen Rückfall in die dreißiger Jahre bedeuten. Die Meinungen der Menschen sind unterschiedlich, und ihre Fähigkeiten sind verschieden. Meinungsstreit und unterschiedliche Einstellungen werden zum Vorschein kommen. Das ist natürlich und bedeutet Bewegung. Eine Unterdrückung aber von eigenständigen Meinungen und unterschiedlichem Denken kommt einer Unterdrückung jeglichen Engagements gleich und führt zum Dahinsiechen der Gesellschaft.

Gleichzeitig sind wir Zeuge, wie sich massenhaft Parteien, Bewegungen, Verbände, Assoziationen, Klubs und dergleichen mehr gründen. Das Positive daran ist, daß dies von der Aktivierung des gesellschaftlichen Bewußtseins, vom Erwachen eines kollektiven Intellekts und vom stärker gewordenen Bedürfnis der Menschen zeugt, an der Politik teilzuhaben, die von nun an nicht mehr nur Sache der Führer und Machtorgane sein kann. In dieser Vielzahl von Gruppierungen spiegelt sich aber auch das Bestreben verschiedener Gesellschaftsschichten wider, ihre Einzelinteressen und ihre spezifischen Bedürfnisse zu behaupten und sie anderen entgegenzuhalten. Zusammenstöße – und wir beobachten unter den Vertretern der jeweiligen Interessen offene Feindschaft – sind gefährlich. Hier häuft sich Zündstoff an, hier entstehen eine Quelle der Destabilisierung und die Gefahr für ein Scheitern der positiven Tendenzen.

Deshalb brauchen wir jetzt klare Orientierungspunkte. Orientieren wir uns auf gutes Einvernehmen und auf eine Einigung über die Aufgaben, die alle Völker und die ganze Union angehen, mögen sie nah oder fern liegen, denn außerhalb ihres Kontextes sind die spezifischen Probleme nicht zu lösen. Wir müssen alle Kräfte um die schon erarbeiteten Positionen und Prinzipien für die Umgestaltung des Landes versammeln: die Mischwirtschaft, die Vielfalt von Eigentumsformen, die demokratischen Institutionen, eine strenge Aufteilung der Macht und die neue föderative Union. Mit einem Wort – die demokratische Reformierung einer Gesellschaft, die berufen ist, das Land in die vordersten Reihen der modernen Zivilsation zu führen, indem sie die Sowjetunion in die internationale Gemeinschaft integriert.

All das zusammen bildet die gesamtnationale Idee, die wir für die Eintracht unserer Bürger und für einen friedlichen Fortgang der Perestroika so dringend brauchen.

Im Nowo-Ogarewo-Prozeß, der zum Unionsvertrag geführt hat, liegt der Rettungsmechanismus für die Selbsterhaltung des Landes verankert. An ihm müssen wir uns festhalten und stets an die Hauptziele der Perestroika denken – an die politische Freiheit, an die ökonomische Freiheit und an die geistige Freiheit. Fest bleiben, aushalten, den reaktionären Neostalinisten und hochstaplerischen

Ultraradikalen keine freie Bahn lassen und auf diese Weise den friedlichen Verlauf der Perestroika gewährleisten. Andernfalls geht alles von vorn los.

Die Wende, die unsere Generation durchzumachen hat, diese Reformen, die selbst die Lebensformen verändern und an das Eigentum, die Produktionsverhältnisse und die Stellung des Menschen in der Gesellschaft rühren, haben sich nie und nirgends in der Welt schmerzlos und leicht durchführen lassen. Viele Länder hatten kritische Etappen zu durchlaufen, sind jedoch über den Berg gelangt und haben neue Kräfte geschöpft und sich weiterbewegt.

In unserer eigenen tausendjährigen Geschichte hat es viele schwierige Zeiten gegeben, als Rußland sich unter Schmerzen erneuern mußte, weil es nicht den Weg der Evolution durch Reformen zu gehen vermochte. Die alten Verhältnisse wehrten sich bis zuletzt, sozusagen bis auf den Tod. Und es gab keinen Mangel an düsteren Voraussagen und panischen Erklärungen über eine unvermeidliche Katastrophe. Aus all diesen Schwierigkeiten ist das Land in der Regel gestärkt und gefestigt hervorgegangen. So wird es auch der Sowjetunion ergehen. Die gleiche historische Erfahrung lehrt aber, daß die wohltuenden Folgen der Reformen nicht sofort eintreten und daß ein hoher Preis für sie gezahlt werden muß. So zahlen auch wir jetzt diesen Preis für die Befreiung von den politischen, ökonomischen und geistigen Ketten, für das Voranschreiten zu einem neuen, stärkeren und lebensfähigeren Staat.

Allerdings müssen wir uns schnellstens zwingen, einzusehen: Jede Gesellschaft und jeder Staat können sich nur dann normal entwickeln, wenn sie über eine starke Exekutive verfügen, die sich auf die Unterstützung ihrer Bürger gründet. Das aber verlangt die Zustimmung der wichtigsten politischen Kräfte, ihre Bereitschaft, im Namen der gesamtnationalen Interessen gemeinsam zu handeln. Die Probleme sollten uns dabei nicht schrecken; gäbe es sie nicht, würde das bedeuten, daß die Gesellschaft stehengeblieben ist, daß sie stirbt. Wo Bewegung ist, gibt es Probleme.

Außer abfälligen Äußerungen und der Zurschaustellung von Enttäuschung und Zynismus – und das sind nun einmal die Kosten für das Niederreißen der in Jahrzehnten aufgepfropften verlogenen Stereotypen – finden wir jedoch auch andere Erscheinungen, die uns Optimismus und Hoffnung schöpfen lassen, und das sind: die Entwicklung eines staatsbürgerlichen Bewußtseins in der Gesellschaft, die Tatsache, daß die Bürger der Sowjetunion ihre Rechte erkennen und bereit sind, diese auch zu verteidigen, ihre politische Aktivität, ihr erstarkender politischer Instinkt und ihr Verantwortungsgefühl. Eine Generation wächst heran, die frei ist von ideologischen Scheuklappen, die kritisch denkt und unabhängig urteilt. Ihr kann man die Zukunft des Landes anvertrauen.

Wir dürfen jetzt bloß nicht die Flinte ins Korn werfen, nicht stehenbleiben auf dem kritischsten Punkt der Gratwanderung und nicht die Rettung im Hinterland suchen, das wäre der allergrößte und ein nicht wiedergutzumachender Fehler. Es wäre Selbstmord, wollten wir auch diesmal – wie in den fünfziger und sechziger Jahren – auf halbem Weg Angst bekommen und innehalten. Wir würden zurückfallen.

Es ist richtig, alles braucht seine Zeit, um zu reifen. Aber für uns wird die Zeit knapp. Wir dürfen jetzt bloß nicht in Panik und Auflösung verfallen. Wir brauchen einen kühlen Kopf, Durchhaltevermögen und Mut, aber auch klares Denken und ein feines Gespür für die widerspruchsvollen Prozesse. Und natürlich brauchen wir den Glauben an die begonnene Sache.

Dazu ist es wichtig, nicht die Orientierung zu verlieren, der sozialistischen Perspektive treu zu bleiben und voranzuschreiten, auch wenn es Schwierigkeiten und Fehler gibt – voranzuschreiten auf dem Weg grundlegender demokratischer Veränderungen und der Errichtung normaler sozialer Bedingungen. Dabei muß man sich immer wieder ins Gedächtnis rufen, daß die allerwichtigste soziale Sicherheit im Wesen der Perestroika begründet liegt, und das heißt, dem Menschen die Möglichkeit zu geben, zuzupakken, Initiative zu zeigen und ihm einen starken Anreiz zu guter Arbeit zu bieten. So sieht die wesentliche Bedingung für wirkliche soziale Sicherheit aus.

So, wie die Situation bestellt ist, darf es in praktischer Hinsicht keinen Aufschub geben. Alles muß so getan werden, daß die Früchte dessen, was vor sechs Jahren begonnen wurde, für die Menschen schnellstmöglich greifbar werden – in den Regalen der Geschäfte, auf den Straßen, im öffentlichen Verkehr, im Alltag, am Arbeitsplatz und in den Arbeitsbedingungen.

Wir haben die Möglichkeit, die ersten Ergebnisse schon in allernächster Zeit zu erreichen und den nötigen Schwung zu bekommen, um die dringendsten Bedürfnisse der Menschen zu befriedigen. Die Ernte ist fern, aber sie wird sicher sehr reich ausfallen.

Wir verlassen uns darauf, daß alles, was wir tun, die Menschen schon sehr bald spüren läßt, daß ihre Erwartungen gerechtfertigt sind.

Text der Videoaufzeichnung

der Erklärung M. S. Gorbatschows auf der Datscha in Foros in der Nacht vom 19. zum 20. August 1991

Was ich jetzt vor der Fernsehkamera sagen möchte, soll allen Volksdeputierten der UdSSR, dem Obersten Sowjet der UdSSR, der sowjetischen und der Weltöffentlichkeit zur Kenntnis gebracht werden. Nachdem ich die Pressekonferenz Janajews und der anderen Mitglieder des sogenannten »Notstandskomitees« verfolgt habe, weiß ich, daß die Öffentlichkeit des Landes und die Weltöffentlichkeit irregeführt werden.

Im Grunde genommen wird ein Betrug verübt, der schwere Folgen haben wird. Der Vizepräsident, unter Berufung auf den schlechten Gesundheitszustand des Präsidenten und demzufolge auf dessen Unfähigkeit, seinen Pflichten nachzukommen, hat die Führung der Amtsgeschäfte übernommen, seine Amtsgeschäfte – die des Präsidenten der UdSSR. Mit dieser Begründung werden schon Erlasse ausgegeben, Beschlüsse gefaßt, darunter auch der Beschluß über die Einführung des Ausnahmezustands im Land mit allen sich daraus ergebenden Folgen.

Ich erkläre, daß alles, was über meinen Gesundheitszustand verlautbart wurde, eine Lüge ist. Auf diese Weise ist mit Hilfe einer Lüge ein verfassungswidriger Umsturz unternommen worden. Der gesetzmäßige Präsident des Landes wird an der Führung seiner Amtsgeschäfte gehindert. Mehr noch, die Datscha auf der Krim, wo ich mich zum Urlaub aufhalte und von wo aus ich heute zur Unterzeichnung des Unionsvertrages am 20. August abfliegen sollte – eigentlich spreche ich jetzt schon am 20., also hätte

Запись на видеопленку заявления М.С.Горбачева на даче в Форосе в ночь с I9 на 20-е августа I99I г.

То, что я хочу сейчас сказать перед телекамерой, я хочу, чтобы все это стало известно народным депутатам СССР, Верховному Совету СССР, советской и мировой общественности. После прослушенной пресс-конференции Янаева и других членов так называемого комитета по чрезвычайному положению, я понял, что общественность страны, мировая общественность введена в заблуждение.

По сути дела, происходит обман с тяжелыми последствиями. Вице-президент, ссылаясь на плохое состояние здоровья и невозможность ввиду этого исполнения обязанностей президентом, взял на себя исполнение обязанностей, его обязанностей - Президента СССР. И на основе этого уже издаются указы, принимаются решения, в том числе и решение о введении чрезвычайного положения в стране со всеми вытекающими отсюда последствиями.

Я заявляю, что все, что касается состояния моего здоровья - это обман. Таким образом, на обмане совершен антиконституционный переворот. Законный президент страны отстранен от исполнения своих обязанностей. Более того, дача в Крыму, где я нахожусь на отдыхе и откуда я должен был вылететь сегодня на подписание договора 20-го, - а по сути дела, я уже говорю 20-го, то есть я должен был в конце дня девятнадцатого вылететь - окружена войсками, и я нахожусь под арестом. Я лишен правительственной связи, самолет, который здесь находился со мной и вертолеты, также отосланы, не знаю - в какое место и где они находятся. Я лишен всякой связи, контактов с внешним миром. Я - под арестом и никто не выпускается за территорию дачи. С моря и с суши я окружен войсками.

Я не знаю, удастся ли мне переправить, но я постараюсь сделать все, чтобы эта пленка, как говорится, дошла на волю. И вы должны сделать вывод о том, что введены в заблуждение народ, страна, мировая общественность. На глазах, я бы сказал, с нескрываемым цинизмом, даже с удовольствием совершается грубый обман. И он уже привел к введению положения, против чего я возражал, когда ко мне прибыли посланцы, о которых я узнал, когда они уже появились здесь на даче без предупреждения, хотя я с Янаевым в середине дня в воскресенье разговаривал. И он у меня уточнял, когда я прилетаю девятнадцатого, - чтобы встретить.

Самое опасное, что то, что делает сейчас комитет по чрезвычайному положению, может привести к эскалации гражданского противоборства, противостояния, а может быть - и к гражданской войне.
И это мы почувствовали с вами уже в декабре, январе, феврале, в марте и попытались всё тогда повернуть в другую сторону - в согласие. И у нас стали появляться первые плоды этого согласия. Да, его было недостаточно. Да, оно могло быть другим. Да, должна власть действовать, решать проблемы, но все-таки надо идти по пути согласия, а не по пути навязывания обществу гражданского конфликта, который может и страну отбросить, и обернуться тяжелыми последствиями для страны, для людей и для всего мира.

Вот, что я хотел сказать, и прошу это оценить должным образом.

Der Originaltext der auf Video aufgezeichneten Erklärung, von Gorbatschow auf der ersten Seite persönlich abgezeichnet.

ich am Ende des 19. August abfliegen müssen –, ist von Truppen umzingelt, und ich befinde mich unter Arrest. Die direkte Telefonverbindung zur Regierung ist mir genommen, das Flugzeug, das mit mir hier war, und auch die Hubschrauber wurden weggeschickt, ich weiß nicht, an welchen Ort, und wo sie sich befinden. Ich bin jeder Verbindung beraubt, jeglichen Kontakts zur Außenwelt. Ich stehe unter Arrest, und niemand darf das Territorium der Datscha verlassen. Von See und vom Land her bin ich von Truppen umringt.

Ich weiß nicht, ob es mir gelingt, dieses Band weiterzugeben, ich werde mich jedoch bemühen, alles zu tun, damit es, wie man so sagt, in die Freiheit gelangt. Und Sie sollten daraus den Schluß ziehen, daß das Volk, das Land und die Weltöffentlichkeit irregeführt wurden. Vor den Augen aller, ich würde sagen, mit unverhohlenem Zynismus, mit Genugtuung sogar, wird plumper Betrug verübt. Er hat schon zur Ausrufung dieses Zustands geführt, wogegen ich protestiert habe, als die Abgesandten zu mir kamen, von denen ich erst erfahren habe, als sie ohne Vorankündigung schon hier auf der Datscha erschienen waren, obwohl ich noch Sonntagmittag mit Janajew gesprochen habe. Er wollte ganz genau von mir wissen, wann ich am 19. lande – um zur Begrüßung zu kommen.

Das Gefährlichste ist, daß alles, was das »Notstandskomitee« jetzt unternimmt, zu einer Eskalation von Bürgerprotest, zu Widerstand und womöglich gar zum Bürgerkrieg führen kann. Das haben wir alle schon im Dezember, Januar, Februar und im März gespürt und haben damals versucht, allem eine andere Richtung zu geben – hin zum Einvernehmen. Die ersten Früchte dieses Einvernehmens kamen bereits zum Vorschein. Ja, es war nicht fest genug. Ja, wir könnten jetzt anders dastehen. Ja, die Regierung muß handeln und die Probleme lösen, trotzdem müssen wir den Weg des Einvernehmens gehen und dürfen der Gesellschaft keinen Konflikt unter ihren Bürgern aufzwingen, der das Land zurückwerfen, der schwere Folgen für das Land, für die Menschen und für die ganze Welt nach sich ziehen könnte.

Das ist es, was ich sagen wollte, und ich bitte, es gebührend zu würdigen.

По поводу появившихся в средствах массовой информации сообщений о невозможности выполнения по состоянию здоровья М.С. Горбачевым обязанностей Президента СССР считаю своим профессиональным и гражданским долгом заявить следующее.

Являюсь лечащим врачом М.С. Горбачева с апреля 1985 года.

В последнее время существенных изменений в состоянии здоровья Михаила Сергеевича не наблюдалось. Противопоказаний по состоянию здоровья для выполнения М.С. Горбачевым возложенных на него обязанностей не вижу.

Представленный вывод готов обсуждать с любой компетентной комиссией как советских, так и зарубежных специалистов.

19.08.91 г. Доктор мед. наук [подпись]

(И.А. Борисов)

Das Original des ärztlichen Gutachtens.

Ärztliches Gutachten

Angesichts der in den Massenmedien erschienenen Meldungen darüber, daß M. S. Gorbatschow die Amtsgeschäfte des Präsidenten der UdSSR aus gesundheitlichen Gründen nicht wahrnehmen könne, halte ich es für meine berufliche wie staatsbürgerliche Pflicht, folgendes zu erklären.

Seit April 1985 bin ich der behandelnde Arzt von M. S. Gorbatschow.

In der letzten Zeit habe ich keine wesentlichen Veränderungen im Gesundheitszustand Michail Sergejewitschs festgestellt. Im Gesundheitszustand M. S. Gorbatschows sehe ich keine Gegenindikation, wieso er die ihm auferlegten Amtsgeschäfte nicht ausüben könnte.

Ausgestellten Befund bin ich bereit, mit jedem kompetenten Kollegium sowohl sowjetischer als auch ausländischer Spezialisten zu erörtern.

19.08.91 *gez. Dr. med. habil. I. A. Borisow*